Somos de quien nos cuida.

VIAJES
a Kerguelen

IAGO DE LA CAMPA

Edición limitada

Textos: Iago de la Campa Pose
Diseño portada: Cristina Reina
Fotografía: Ana Bravo

© MueveTuLengua

ISBN: 978-84-17284-26-8
Depósito legal: M-22280-2018

Cualquier forma de reproducción, distribución, comunicación pública o transformación de esta obra solo puede ser realizada con la autorización de sus titulares, salvo excepción prevista por la ley. Diríjase a CEDRO (Centro Español de Derechos Reprográficos, www.cedro.org) si necesita fotocopiar o escanear algún fragmento de esta obra.

muevetulengua.com

PRÓLOGO

A Iago le han dejado muchas veces sin palabras. Piensa mucho e imagina más. Disfruta cada momento y se enamora. Si puede ayudarte, no dudes ni por un instante que lo hará.

Solo necesita un folio en blanco y todo sale. Lo bueno y lo malo.

Su secreto es que él también tiene facilidad para dejarte sin palabras a ti. Con su sencillez y calidez consigue que tu mente viaje. Que miles de momentos se agolpen sin avisar. Ponte el cinturón, es un aviso.

Escribir forma parte de su vida desde hace tanto tiempo que le cuesta recordarlo. Sueña, imagina, canta, sonríe en bares.

Las cosas que salen desde dentro del corazón son difíciles de olvidar. En este libro hay tantas realidades como sentimientos. Puedes viajar sin moverte del sofá. Sin bajarte del autobús. Soñando con miles de momentos antes de abrocharte la cazadora o dar un chapuzón en el mar.

No mires más allá, simplemente adéntrate. Disfruta de los maravillosos paisajes que hay aquí dentro. Huele a libro, huele a realidad.

Viaja a Kerguelen.

@Defreds

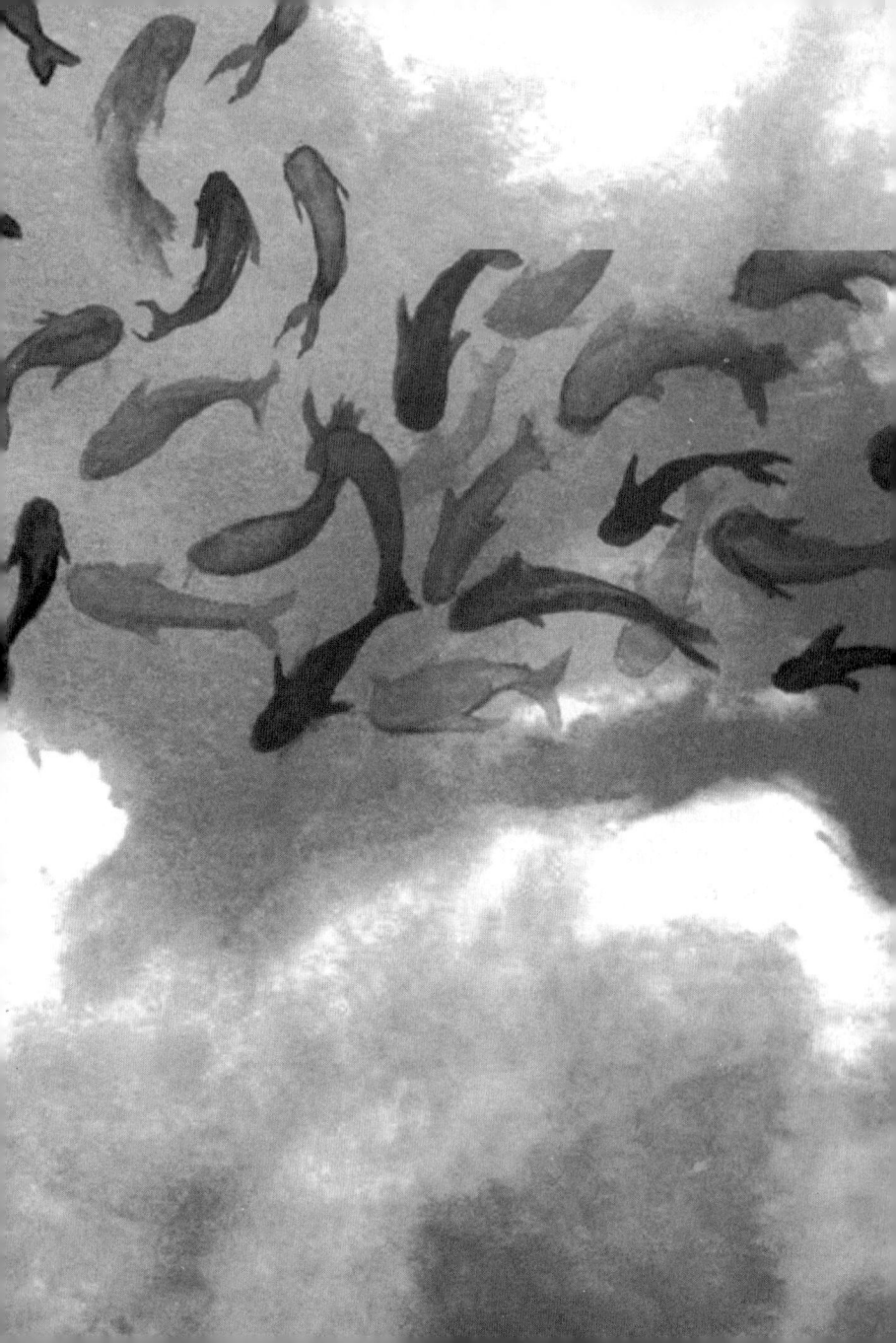

PARTE 1:
Travesías

La luna

¿Qué es lo importante: conocer la luna o pisar la luna? ¿Qué es lo importante: conocerla a ella o besarla? Así empiezan las cábalas para acabar en las camas de las chicas que pierden mucho más de lo que ganan, de sitios donde los cuerpos son los que marcan las fronteras de las pieles que nos sanan. Si la conoces antes de besarla, corres el riesgo de quererla antes de tocarla, de conocerla en teoría y dejar de hacerle el amor en la práctica, de quebraderos de cabeza que no se saldan con polvos de despedida por cada llamada.

Pero si la besas antes de conocerla, tienes el riesgo de hablar de un mundo en el que no se adapta, de entrometerte en parejas con las que no contabas, de que esté completamente chiflada…, aunque eso no sea malo, pues tienes el placer de la ignorancia –por las cosas de las que ella no habla, por conocerla cada minuto en que la miras y te callas–, de que te sorprenda en cada paso en el que se caiga.

Creo que el placer es conocerla en cada mirada, en cada gesto con el que explica las cosas cuando se raya; besarla rápido y poco al principio por si se gasta, y besarla lento y mucho en los días en que te cuenta las cosas que a nadie contaba; abrazarla cuando tenga miedo y no sepa de qué; pensarla cada noche cuando no esté. Ser un poquito más de lo que pensabais; ser cada día más sin que nada se pare.

Y la luna mejor dejarla donde estaba.

Pégame con toda tu fuerza a ti

A veces solo necesitamos a alguien que nos ilusione y que nos distraiga de las cosas «importantes» de los días, que nos provoque tormentas y luego que nos salve de ellas, que haga de un naufragio una tarde de playa.

Después de estar contigo no se puede estar sin ti: ni se puede, ni quiero. Tú sabes hacer todo bien, y sobre todo hacerme feliz. Ya trajiste la primavera con tus vestidos de flores, ya cuento las semanas por el calendario de tus lunares. Ya sé que ahora me muerdes de rabia los labios cuando pides que me quede un rato, cuando dices que no me vaya tanto.

Quiero verte (el) doble, y que no sea culpa del ron, y decirte que tienes los ojos más bonitos del mundo, aunque tú digas que no, que lo más importante es lo que yo veo en ellos cuando te los miro. No tengo miedo a no quererte siempre igual, porque los sentimientos tienen que madurar y tú haces florecer todas las sonrisas que encuentras a tu paso. Hay momentos en que hay que quererse demasiado, y yo me quiero más contigo, y yo te quiero a ti «lo más lejos a mi lado».

Me levanto por las mañanas mirándote y pensando que de dónde ha salido tanta suerte, y lo más valiente que he hecho en mi vida hasta ahora es quedarme a conocerte. Nos queremos por defectos, y eres tú esa canción que me salvará mañana, y que le jodan al ron, que yo me emborracho de ti.

Tú quisiste siempre algo bonito y nunca nos imaginamos que viviríamos algo real.

Amor, pégame con toda tu fuerza a ti.

Voy a matarte

—Voy a matarte —me decía, y parecía una promesa, y ella, que siempre conseguía lo que se proponía, acabó (en) con mi vida. Tenía los ojos de ron con Coca-Cola, y me miraba pidiéndome un baile en las noches de fiesta.
—¿Querías decirme esa noche que me querías?
Y sonreía.
—Quería decírtelo todas las noches.
—Fuimos demasiado cobardes para tener miedo de no estar juntos.

La verdad, amor, siempre nos gustó hacernos los cobardes, y la valentía la dejo para encendernos la luna cuando no estés vestida. Y las madrugadas que nos hacían tarde, contigo siempre se me hacían temprano. Que le jodan al sol, y bajo las persianas. Voy a ser el único que te vea amanecer enfadada por las mañanas, porque no quería decirte solamente todas las noches que te quería. Te lo quería decir también todas las mañanas en que me mirabas malhumorada y dándome la espalda.

No sabíamos si éramos un error, y yo soy de los que, cuando se equivocan, se vuelven a equivocar otra vez, por si la primera no me equivoqué bien. Y hay equivocaciones que no son errores, son aciertos, y tú eres mi mejor acierto por equivocación. Nunca fui de tener expectativas, pero es que, cuando te echaba de menos, te imaginaba como la chica más guapa; luego te veía y lo eras más todavía.

Si nos dejamos para mañana, que sea porque no queremos que se acabe hoy, no porque falten las ganas. Y siempre dejaba para mañana lo de matarme, aunque se moría de ganas.

Me dijo: "Me asusta y a la vez quiero que pase"

Me dijo: «Me asusta y a la vez quiero que pase». Y eso supongo que es enamorarse: el miedo por el miedo a quererse los defectos; el miedo a no estar solo y ser la kriptonita de otro; a no saber empezar las cosas que se pueden acabar; a levantar el corazón del sofá; a equivocarse muchas veces con veranos con fecha de caducidad, por el temor a que en septiembre llegue Navidad; a que mis duchas sepan más de frases que no te he dicho que de frases que te dije; a pensar que solo cuando nos cansemos de medir las distancias con metros y las empecemos a medir con besos empezaremos a estar de acuerdo.

Nosotros, como en *Big Fish*, nunca hablamos de lo que no hablamos, ni de chicos que no son yo, ni de chicas que no son tú que prueban nuestros labios. Nos ahorramos los malos tragos de los sábados de imaginarnos con otros al lado, de no extrañarnos más de lo que podemos soportarnos, de odiarnos por dar demasiada importancia a lo que hablamos.

Pero queremos que pase para que nunca más nos pasemos de largo; para dejar de hacernos el amor en la práctica y hacérnoslo en el acto; para hacer pegados todas esas noches que las pasamos hablando alejados; para dejar que una pantalla sea la única que vea la sonrisa que me produces cada vez que te leo de lado. Queremos que pase porque querernos no es tan complicado, porque si yo te odio y tú me odias, menos por menos, nos da que cada día vamos sumando. Que encontrarnos solo es que cada uno de nosotros dé dos pasos mal dados, que tengo noches que duran fines de semana para ti desde el día en que nos presentaron. Que quererte antes de tocarte me lo tengo chapado, que quiero dejar de conocer la luna a kilómetros y conocerla a centímetros… Que los dos sabemos que tú necesitas a alguien como yo y yo te necesito a ti.

Que tienes las razones para que te asuste y para querer que te pase, pero yo prefiero que te pase. Y si es conmigo, será más dulce el desastre.

Si eres tú

Si eres tú, nos vamos a entender al tacto y al roce; no sabe de mentiras la piel.
Si eres tú, tus manos y las mías tendrán menos frío este enero polar.
Si eres tú, te voy a dar razones para que no te imagines más futuros con él.
Si eres tú, voy a aprender a bailar todos los pasos que tú quieras dar.

Si eres tú, vamos a extrañarnos si no nos tenemos, y vamos a buscarnos al no vernos.
Si eres tú, se volverá trinchera el sofá en los domingos de abrazarnos y no pensar.
Si eres tú, no necesito más, voy a querer hasta dañar mi coraza emocional.
Si eres tú, voy a perder mi norte por tu sur, voy a hacer de los andenes mi sala de estar.

Si eres tú, voy a querer mediodías en tu espalda y a desayunarte para empezar.
Si eres tú, voy a mirarte a ti, y ver pasar a las demás.
Si eres tú la que va a dormir conmigo, no quiero soñar.

Si eres tú, no necesito más…

Hibernamos

Llevo un centenar de madrugadas trazando un plan para ir a recogerte, que te montes en mi coche sin rehenes y hacer de los días noches menos crueles. Hacer de una Coruña sin ti una Coruña contigo. Un plural en los labios cada vez que bese tu ombligo. Y, aunque sea, fracasar en todas mis empresas, pero contigo. No sé si estamos llegando demasiado pronto o demasiado tarde, pero, joder, llegamos. Y yo no encuentro a ninguna que hable como lo hicieron tus manos o como se erizaban tus piernas con mi tacto en aquel bareto de Santiago. Que no quiero tener más largos los veranos, solo quiero minutos contigo. Si nos helamos, hibernamos. Pero juntos. Porque juntos sería mucho mejor nuestro ayer y nuestro mañana.

Salvar la vida

Estuve una vez con una chica que todos los días tropezaba. Yo la agarraba y siempre le decía:
—Te he salvado la vida, me debes una.
Y ella sonreía.
Un día, paseando, fui yo el que tropezó y ella la heroína. Le dije que me había salvado la vida que qué quería.
Ella me respondió:
—Que me salves todos los días.

Realidad

No voy a reciclar palabras viejas para nuevos labios. No voy a decir lo mismo con lo que empecé otros fracasos. No vamos a prometernos nada: ni lunas de miel, ni noches al revés, ni almohadas. Vamos a ver día a día cómo se nos juntan las sombras. Vamos a dejar de un lado los aniversarios y celebrar las horas. Vamos a intentar ser un amor pequeño para llegar a ser algo que de verdad importa.

No voy a reciclar palabras rotas, voy a inventar muchas otras. Voy a copiar todas las acepciones que tiene la palabra «bonita» escrita en tu piel. Voy a traducir cada una de tus sonrisas a mil idiomas.

No voy a intentar convencerte de nada, ¿para qué?, si sabes tú más de ser valiente que nadie, que a ti no te paran, que sabes lo que es conseguir lo que se quiere.

Solo seré astronauta para desabrochar tu cinturón de Orión después del café.

No voy a prometerte nada, y no me prometas nada… Pero si se te olvida soñar, que sepas que eres la realidad más bonita que podría imaginar.

¿QUÉ QUIERES?

Se preguntaron qué querían y se dijeron:

—Quiero encuentros fugaces y apretados para no perder jamás la tensión y para compactar los detalles y llevármelos conmigo. Quiero inclinar la cabeza y que estés, y reírme recordando que a lo mejor no tendríamos que estar tan locos, pero que sí lo estamos, y que ojalá lo estuviéramos más. Quiero actos involuntarios y sobre todo completamente injustificables. Quiero que me tengas calada, pero que no te esperes mi próxima respuesta. Quiero perder tanto el control que no consiga distinguir la literatura de las ganas de verte, ni tu sonrisa de la mía. Quiero que mi mano resbale por cada uno de tus abismos, sin querer, con intenciones, haciendo una aventura de cada obstáculo. Quiero desesperarte. Quiero descubrir dónde está tu punto de inflexión, saber exactamente dónde te rindes, y trazar mis planes en función de ti. Quiero noches cortas y días de echar de menos, quiero escapadas y guiños, y miradas al suelo, y mordeduras de labio con interpretaciones de complicidad. Y al final, si no nos escondemos del mundo, quiero que al menos tú intentes esconderte en mí.

—Quiero que mis manos te sepan escribir de memoria cada centímetro para que te leas como te leo yo con estos ojos. Quiero el secretismo del tú y yo en la intimidad del nosotros, que te acuerdes de mí por la mañana, y no dejar pasar ni 3 minutos para hablarte después de que subas a casa. Quiero verte amanecer y verte anochecer conmigo, al lado, encima o debajo, que me tengas morriña si pasamos horas sin hablarnos. Quiero que me sorprendas cambiando todos los futuros que me he imaginado a tu antojo, quiero que me pongas rojo, y quiero incendiarte poco a poco. Quiero que me odies tanto que llegues al punto de no imaginar tu vida sin este desastre, quiero no saber esperarte, quiero que las ganas reciban su parte. Quiero huir a ti, a donde quieras escapar, quiero no pensar y que aparezcas cuando no hay nada más. Quiero otoño, invierno, primavera y verano en tu cuarto, quiero saberte interpretar y saberte malinterpretar cada vez que me miras de reojo. Lo quiero todo, pero solo lo quiero contigo.

No quiero que no estés

Nos preguntamos qué no queríamos...
—No quiero pasos que no me lleven a tu casa. No quiero gotas que te resbalen por la mejilla, que salgan de tus ojos. No quiero desvestirme sin pensar en ti. No quiero esquinas que no cambien nuestros ángulos, no quiero descontrolarme si no eres tú quien me va a frenar... o a seguir impulsando. No quiero arreglar tardes sin besos urgentes tras el sonido de mi puerta cerrándose, no quiero películas repetidas sin tus tramas paralelas, no quiero sonreírle a nadie. No quiero más bostezos con abrazos, ni más paradas de bus, ni más recorrer hacia atrás todo el largo de tu calle para verte sonreír por la ventana. No quiero más saltar al vacío si no vas a tirarte conmigo, no quiero huir a sitios, no quiero madrugadas que no me cuesten 3 días de resaca, no quiero que no tengamos más delirios. No quiero más bombas, no quiero no más intentos, no quiero más tú sin mí.

—No quiero volver a casa y echar de menos que no estás tumbada en la cama, no quiero ver parejas bailando en los huecos en los que no estamos, no quiero ver miradas fugaces de desconocidos que se conectan. No quiero salvar a nadie, no quiero que me salven, no quiero esperanzas que se cobren el mes que viene, no quiero plazos, no quiero instantes, no quiero no ser tan cobarde. No quiero volver a decirte que no estás inundando la ciudad, que no es lo mismo mojarse sin estar acompañado, que esta puta ciudad huele a ti. No quiero más paseos nocturnos de vuelta a casa cantando en bajito nuestra canción, no quiero cenas para uno cocinando lo que cocinaba para dos. No quiero escribir otros libros, no quiero escribir otras canciones, no quiero no saber escribirte «adiós». No quiero vuelos de falda que no me dedique tu culo, no quiero no imaginarme contigo, no quiero imaginarme sin ti. No quiero encuentros no fugaces ni apretados, no quiero coches no incendiados, no quiero que no me prendas fuego a mí.

Y dijimos, a la vez:

–No quiero que no estés.

Caminos equivocados

Quiero que sepas que si las cosas van mal, puedes mirar a tu alrededor y pensar que siempre podrían ir peor. Que la suerte, cuando se empecina, es puñetera, y nos hace coger todas las puertas falsas de emergencia. Que si lleva lloviendo dos meses, seguramente mañana también lloverá, pero qué más da: nos acostumbraremos a nadar. Que si todas las luces se van apagando, encenderemos velas para vernos apenas y no querernos a medias. Que si los caminos son siempre los equivocados, nos dejaremos de autopistas, cogeremos el camino largo e invertiremos el tiempo en observarnos. Que si mis tonterías te sacan de quicio, me digas: «Iago, no sé cómo te amo».

Siempre va a pasar algo bueno, porque estás tú en el mundo. Y si no quieres creer ni en Dios, ni en el destino, cree en ti, en donde te lleven los tobillos, en lo que cuenten tus manos, en lo que besen tus ojos, en lo que llueva en tu rostro. Que no hay días más grises o más claros: hay días en los que sonríes más y otros en los que sonríes de menos.

SI ME PIDES QUE ME QUEDE...

Si me pides que me quede, voy a cuidarte y a llevarte en brazos las mañanas en las que no quieras calzarte, a destaparte en las noches que empiezan en los portales, a besarte para curarte los días de enero de arroparte, a darte los buenos días como remedio para enfermedades, a acompañarte a películas infumables, a mirar en los armarios por si hay monstruos cerca, y a motivarte en las épocas de exámenes.

Voy a quererte en los días en que no quieras a nadie, y a besarte en la frente al acostarte. Voy a estar aquí cuando estés en otras partes. Voy a refugiarte cuando no sepas dónde quedarte. Voy a mirarte cada día como si fuera un punto y aparte. Voy a cuidarte siempre por encima de mis posibilidades.

Tengo abrazos en *stock* para ti

Tengo abrazos en *stock* para ti, para cuando no puedas dormir, para días eternos en los que te estás a punto de rendir. Abrazos disponibles las 24 horas, que es lo máximo que puede durar un mal día. Esas cosas que curan cualquier pesadilla.

Me propones viajes cuando estás cansada de la rutina y yo te digo que todas las fronteras que quiero cruzar son las de tu piel, que la cama escuchando a Andrés Suárez es parecida a un coche con Sabina, que vamos a prohibir los días serios con penas de morirnos de risa.

Todas las veces que no puedas dormir, voy a estar ahí, arriba, abajo o al lado, pero voy a estar ahí. Que los dos hemos suspendido alguna vez la asignatura del estar pegados, que es como la distancia de seguridad. La cuestión no es estarlo mucho, si no estarlo en el momento y la distancia adecuados.

Me llamarás y me dirás que estar enamorada es estar sola en la cama y estar helada, pero también es verdad eso que dicen de que lo malo no es estar sola, sino sentirse sola, aunque haya más gente que te habla. Que no va a haber más soledades en este dúo de cuartos, no va a haber escenas de lágrimas en este reparto de portales.

Dicen que los problemas son una cuestión de perspectiva y yo estoy dispuesto a que demos todas las vueltas que sean necesarias en un sofá hasta que seamos solución.

Barcelona

Vuelos de dos lunas a A Coruña en el ocaso de noviembre, aceras sin lluvia que buscan pies de caminos diferentes, que buscan vientres con ganas de labios y sed de verme. Por fin un viernes sin erre.

Tengo más de 100 formas de mirarte y todas son distintas. Te he escuchado cantar «Niebla» por la mañana, quejarte de la combustión de las sábanas, y del frío de tu cuerpo sin el mío en una cama. Sé lo que es comerte de madrugada, y escribirte en la piel a besos. El suelo disfrazado con la ropa que no tenemos, eclipse de despertadores en duchas sin aliento, toallas que se pliegan con cada uno de tus movimientos, habitaciones nudistas llenas de sueño, habitaciones que cambian de color tus ojos al vernos.

Turismo de ciudades en 20 metros cuadrados, amaneceres de noches de miel en un cuarto. Estás enfrente y te sorprendes por el acento que olvido cuando canto. Me invitas a dormir y el hotel ya no es tan extraño. Hay amor para dos y un baño con algunos rayos.

Apagas la luz y me dices: «Ya me viste, ahora imagíname». Y te vi dormirte contando razones para que me quedara a dormir al día siguiente.

#Macrocuento

Ella tenía lluvia en las ventanas, en las mañanas en las que no se levantaba, y lunas despejadas en las noches en que no se acostaba. Ella miraba hacia atrás y no se asutaba, decía que el mundo era redondo y mirar hacia atrás también era mirar hacia delante. Ella tenía unos ojos tan bonitos que dolía cuando perdía alguna mirada. Ella decía que no ligaba, pero dejaba senderos de babas. Ella era tan buena que hasta se le daba bien hacer de mala. Ella nunca se ponía al corriente con los chicos que ya no estaban si ya no había electricidad que los juntara.

La primera vez que él la vio, pensó que todos los empujones que le daban en el *pub* servían para juntarse con ella. Él le dijo: «No vamos a hacer nada que tú no quieras hacer». Y ella le contestó: «Puedes intentar convencerme». Y la convenció.

Él la vio despertarse con cara de siesta y marcas de almohada y pensó: Las cosas pasan por algo, pasan por ella. Lo que más le impresionaba no era que le quitara el aliento, sino que le dejaba sin palabras. Ella dormía en cualquier lado de la cama, él dormía a su lado, era lo único que importaba.

Y como suele pasar, él se dio cuenta de que era ella, pero ella se dio cuenta de que no era él.

Él aún piensa que ella lo tenía todo, pero que él la tenía a ella.

Al final lo peor del amor, cuando termina, es cuando te preguntan por ella y no tienes ni puta idea de qué responder.

Lo salvaje

Lo salvaje sería que te quisiera una noche, como todas las noches que te he echado de menos en un cuarto, como todas las puñeteras veces que te ha imaginado mi mano, como he amado a todas las amantes del pasado. Lo salvaje sería que dejara de compararlas contigo y te quisiera a ti de lunes a domingo, en cada centímetro que hay de Coruña a Vigo, porque sabes que lo de las estaciones no es lo mío, y me salto todas las paradas menos la de tu ombligo.

Lo jodidamente salvaje sería que hicieras el amor conmigo y yo follara contigo, que la pasión son dos caminos que se juntan en un solo precipicio. Lo salvaje somos nosotros mirándonos las noches de frío, cuando no tenemos ni idea de cómo saltar este vacío, como cuando te cambias y, aunque me digas que no mire, te miro.

Lo salvaje es cuando no hacemos ni ruido tirando la ropa en cascada como el agua en un río, como las veces que dices que te vas y te quedas, como las veces que no importa por qué, que solo importa que estés y estás. Lo salvaje sería que no te imaginaras más sin mí, que hasta quisieras que nos aburriéramos juntos.

Lo más salvaje que conozco eres tú, conmigo.

Lo que más me gusta de mí es cuando dices «conmigo»

Lo que más me gusta de mí es cuando dices «conmigo», en los días malos en los que saltan mis canciones preferidas en los aleatorios o en los días de sol en los que las Ray Ban ponen filtro de parada a nuestros labios, cuando saben a playa. Me gusta que mis ojos hagan de cámara de fotos cuando te despierto en las mañanas en las que me odias con toda tu alma porque tu piel no está hecha para madrugar, porque dices que trasnochar juntos es una de las formas que tienes de amar. Esas noches en las que planeamos futuros improvisando realidad, en las que no respondes lo que no quieres contestar, noches desveladas de palabras.

Te digo que el insomnio solo merece la pena si es compartido, y tú le sumas a eso un «Si es contigo».

Lo que más me gusta de ti es cuando dices «contigo». Decirnos las cosas con frases de canciones y de libros.

Corregiré a Pau Donés y te diré: «Que me encanta como eres».

El único plan que trazo eres tú

Cuántos centenares de estrellas cuentas buscando constelaciones con forma de corazón por la ventana del coche, sonando «Eclipse de mar» en tu voz. No sé cuántas siestas me debes desde que decidiste despertarme a mordiscos. No sé cuántos besos te debo por quitártelos a medio centímetro. Quizá es Navidad, y mi regalo eres tú. Quizá te portaste mal y tu carbón dulce se disfrazó de mí. Ponte la bufanda, que hace frío y te encantan las mañanas en las que me llevas a recorrer el mundo, en las que me miras como si fuera único. Seguro que podrías tener a alguien con más futuro, y tú me dices que el único futuro que buscas es juntos. El único plan que trazo a largo plazo eres tú.

Si me das tiempo esta noche

Si no hay tiempo esta noche y tú te vas y yo no me quedo, haremos de los agostos febreros. Seremos tan cobardes que no nos llamaremos, dejaremos al azar el volver a vernos. Diremos que llovía demasiado en vez de: «Da igual, con algo nos taparemos». No te diré que aún es pronto para que te vayas a casa, aunque sea tarde, aunque te acompañe y amanezca mientras me hables. Si me das tiempo, esta noche haremos un fortín de cada bareto, nos seguiremos por cualquier calle, la luz amarilla de las farolas será la iluminación de tus pasos de modelo. Te abrazaré cuando tropieces con los tacones por cualquier escalón de este invierno. Te abrazaré si me dices que siempre hay tiempo. Que de las noches y sus horas tú te sabes cada uno de los movimientos.

Tú sabes mejor que yo que las noches que recordamos no son las que dormimos, no son las que nos pasamos metidos en casa peleando por seguir vivos, mirando cada dos minutos el teléfono por si alguien se acuerda de que no hemos salido.

Habrá tiempo esta noche, y cada una de las noches en que nos convencemos de que estar juntos siempre es un buen comienzo y que siempre falta mucho para el mal tiempo. Contradecirás a Frusciante y a su «Time Tonight». Si me das tiempo, no estarás sola esta noche, ni ninguna más.

(Leer escuchando «Time tonight» de John frusciante)

Nunca me crees

Dice que no me cree y, la verdad, a veces, no me creo ni yo, pero es imposible escribir sobre alguien con quien no sueñas, porque hacer poesía es solo describir lo que ves cuando los ojos cierras. La verdad es que ella es ilusión, es la sensación de que nada iba bien y cuando aparece todo concuerda, es el amor que me mejora sin cambiarme nada, son las piezas del puzle que faltan para encontrarme en el lado derecho de su cama. Pero me cuesta un mundo decirle que mis caminos desde hace un tiempo pasan todos por debajo de sus piernas, que me conformaría con fracasar con ella, que se deje de intentar querer a otros que no saben de sus penas.

Te digo que si te asusta y quieres que pase, que sea conmigo, yo voy a cuidarte de lunes a domingo y a quererte los miércoles de desastres, a decirte antes de dormirte que la peor postura en mi cama es sin ti, que todos los recorridos van a ser equivocados hasta que me lleven hasta ahí.

Si te soy sincero, te quiero a un centímetro desde el día en que nos vimos. Si te digo que eres perfecta, siendo objetivo, no sé lo que te diría siendo subjetivo. Y estoy deseando que dejes de ser ella y seas eres. En breve, leerás estas líneas y como de costumbre dirás que a esta chica no te pareces.

Y aunque dije que no te iba a pedir que me creyeras, ojalá lo hicieras.

GRACIAS

Gracias por los madrugones, por las madrugadas y por soñar a medias. Por ser una ventana para escapar del mundo a través de una pantalla. Gracias por odiarme, por corregirme, y por aguantarme cuando voy a caer o cuando soy demasiado pesado. Sobre todo gracias por hablarme la primera vez, y todas las demás. Gracias por querer conocerme y dejarte conocer, por no hablar de lo que nunca hablábamos, y por querer que pase aunque no sea conmigo.

Gracias por las palabras bonitas y las palabras feas, por el no querer que te escriba aunque estas palabras tengan un aire a ti. Gracias por lo invisible y por darle el significado a luchar. Gracias por las tormentas, por los hundimientos y por los futuros. Gracias por los días que alegras y por los días tristes, por los derechos de amor y los de desamor. Gracias por las perspectivas y por los lados contrarios, por no decirme que no aunque no me dijeras que sí.

Gracias por ti.

Si te acompaño a casa esta noche

Si te acompaño a casa, voy a pensar que tu cadera está a la par que la mía, que se nota el frío en tu nariz cuando respiras, que mi mano hace saltos mortales para tocar tu mano, que sonríes cada vez que te digo algo y miras hacia abajo. Si te acompaño a casa, yo voy a seguirte a ti porque no sé otro camino para llegar, caminaré despacio para tardar porque quiero que sigamos hablando de las cosas que solo se hablan de madrugada. Estaré pensando todo el trayecto qué tengo que hacer para besarte lento, qué portal será nuestro portal a partir de ese momento. Te pararé cada 4 pasos para darte un abrazo y olerte el pelo, pondré excusas para cogerte de la mano y agarrarme fuerte para no perdernos. Me dirás que estás helada y yo para eso tengo un remedio, refugiarte debajo de mi chaqueta y pasarte un brazo por el medio.

Si te acompaño a casa, voy a imaginar mi vida contigo al girar cada esquina, tendré que pensar cualquier estúpida razón para llamarte mañana y asegurarme de que amaneciste pensando que somos lo mejor que nos podía haber pasado. Te llevaré sana y salva hasta el ascensor porque estarás medio borracha y estarás haciéndote la otra media para que te abra la puerta del portal y te acompañe dentro. Te besaré en la frente para despedirnos y pensaremos que qué suerte tenemos.

Si te acompaño a casa: llegarás, llegaré y llegaremos.

Estás más guapa

Estás más guapa cuando dices que no lo estás, y que te da igual, que eres una chica normal y los que miran bien son mis ojos. Pero cómo no te voy a ver con buenos ojos (aunque sean miopes) si hasta cuando me cierras los ojos te miro. Que me gustas más de lo que me lo permito, que te quedas mucho más de lo que te lo pido. No pude convencerte en una noche de prometerte una vida conociendo tus aciertos y tus dudas, tus números, tus lunares y sus rutas, tus destellos de luz y tus curas. Aunque me estás curando la rutina, y me estás empeorando el insomnio, estás siendo demasiada playa en días de lluvia. Estás más guapa cuando bajas la mirada y sonríes porque te miro.

Me encanta(s)

—Me encanta no poder estar segura de nada nunca contigo.
—Me encanta que sepas qué hacer para mantenerme despierto, que se te acaben todos los temas e inventes uno nuevo. Me encantaría escribir menos sobre ti y más contigo.
—Me encanta cuando dices cosas que no entiendo y cuando entiendo las cosas que no dices. Me encantas con todas las luces, hasta cuando tienes pocas y piensas que no pienso en ti. Me encantas cuando te ríes en mitad de cosas serias, cuando me obligas a mirarme desde afuera, cuando sé que quieres bailar. Cuando te pones infantilmente peliculero para recalcar que no estamos hechos de escenas, sino que a veces vemos un poco lo que hay detrás. Me encanta cuando quieres venir, pero un poco más cuando no quieres... Me encanta si pasas, me encanta si paso, me encanta no pensar, y que seas el antónimo inexacto de fracaso. Me encantas si me miras y no me puedo escapar.
—Me encantan los dos precipicios de distancia que tengo que saltar cada vez que no(s) vemos. Me encanta que no pongamos listón para el deseo, verte en el suelo, y seguir queriéndote tirar. Que grites más de lo que pretendo, que tu pelo es el agosto que yo quiero, cayendo en cascada por mí. Me encanta eso de decir que no te tengo, pero que quieras estar aquí. Sacarte a bailar en el salón de tu casa con la canción que no me saco de la cabeza, con la chica que siempre se queda en ella. Que todo queda dentro y si tú no vas más profundo, nadie llega.

—Me encanta que estés pensando cuando yo no puedo, que siempre tengas una palabra para recordar luego. Que me digas todas esas cosas que no me creo, que me pintes como un agosto cuando siempre fui más de enero.

—Me encanta no saber qué va a pasar mañana, y pas(e)arme contigo hoy. Jurarte que cambiaré de vida, pero que si no estás, no tiene que ser para mejor.

Mi punto de partido

Quiero que sepas que te voy a ver guapa, amanezca o anochezca, estés enferma o de fiesta, enfadada o contenta; que voy a cambiar siempre hacia donde tú cambies, y que te voy a cuidar cada día aunque no quieras; que tú eres el único plan que se me plantea, y que siempre vas a ser la respuesta; que he dejado ya de estar a la espera, porque la lista de despedidas entre tú y yo ya está llena.

Vamos a ser noches de dos en que tú te pides el lado de la pared y yo me pido a tu lado. Que tú eres todas las excepciones a mis reglas que he hecho en mi vida. Dices que nos pasen cosas, pero que sean improvisadas, y yo te digo que los domingos no están hechos para estar sin ti, y que no hay resaca que no se cure con tu risa.

No quiero que no tengas miedo a perdernos, pero me voy a perder en ti siempre que me dejes, y voy a encontrarme contigo. Yo tengo tendencia a la tristeza, pero tú eres mi punto de inflexión, mis cambios de sentido, mi puerto en calma y mi punto de partida.

Eres mi punto de partido, porque, ganándote, me he ganado a mí.

Casas

Yo quiero que seas casa, pero no casa a solas, ni casa compartida con desconocidos: yo quiero que seas casa conmigo. Yo quiero que nos sintamos a salvo sin tenernos que salvar. Yo quiero mirarte despacio mientras sea real. Quiero escuchar tus pasos de noche por el pasillo, tener claro que cruzarlo entero son 5 y 3 ir al baño. Tener nuestro espacio cada uno, y otro juntos. No quiero molestarte con mi música, aunque digas que son los acordes de tus fotos y de tus libros. No quiero que dejes de sacarme fotos por la mañana, cuando dices que estoy más guapo al despertarme, y decirte que es mentira, que la más guapa por las mañanas eres tú y que no hay mejor cámara que mis ojos enfocándote. Que se te congelen los pies cuando vas descalza a desayunar, y que nadie bebe tan mal el Cola Cao como tú, que aunque yo lo quiera sin grumos y tú con ellos, yo te quiero igual. Hacer duetos en duchas ardiendo, y comprobar que nadie canta como tú en mi ducha.

Quiero que cocinemos mal y lento, y que no nos paremos de distraer. Que se te quemen los filetes porque estoy demasiado en tu espalda, y porque tú no paras de querer girarte a verme. Te quiero a ti de postre, porque no hay nada más dulce que tú. Tardes de llegar tarde a todos los sitios porque queremos echarle un segundo asalto a la siesta, y no dormirla por tu culpa, y despertarnos por la mía.

Te quiero mucho por el día, pero es que no te puedo dejar por las noches, quiero dormirme oyéndote respirar al lado, y debajo, y encima. Quiero que no tengas miedo de despertarme, porque mi mejor sueño eres tú. Que me cantes bajito todas las canciones que te recuerdan a mí, que tu libro de cabecera sea yo, que la casa sea solo cosa de nosotros dos.

Verano

Como volver a verte sin haberte visto nunca.
Como escapar sin que nadie te persiga.
Como saber la verdad con las mentiras.
Como si a ti te comiera yo.
Como mis 4 canciones favoritas de Sabina
en los viajes en coche por Galicia.
Como si el sol saliera cada día
cuando yo todavía me estoy acostando.
Como beber toda la noche sin resaca,
como llegar directo por tus curvas a mi casa,
como ir detrás de ti, contigo adentro.
Como si siempre te escribiera.
Como las rimas cuando no rimamos nada,
como los abrazos que se piden con los ojos,
como si tus tacones no me dolieran si me pisas
en los bailes que acaban con sonrisas.

Como tenerte sin saber que te tengo,
como ser libre el uno con y sin el otro.
Como el secretismo del tú y yo, sin un nosotros.
Como follar entre una multitud sin mirones.

Como si tú fueras mi última palabra
y yo fuera de las tuyas la primera.
Como empezar con el adiós más cortante:
puedes cortarme el corazón por donde quieras.
Como los besos cortos que se hacen largos,
como los remedios caseros de tus labios.
Como si nunca nos importara mañana,
como si me salvaras con cada arañazo.
Como sabernos a rones y a ginebras,
como si la menta estuviera de nuestro lado.
Como un colchón que pierde el aire y sigue hinchado,
como si me hincho de valor y no me marcho.
Así fue mi verano, así eres tú.

Dormir contigo

Hoy me apetece mucho dormir contigo… muy poco, que dejes de ser una noche de verano y te vuelvas tardes de otoño, que todas las hojas caídas por el viento en las calles sean nuestra ropa. Hacer de tu cuarto un sábado que nunca acabe en domingo, seguir subiendo las escaleras hasta ti de 3 en 3, porque no me fío de los ascensores, y que las bajes de madrugada volando en calcetines para verme a mí, porque estoy tan borracho que solo sé llegar hasta ti. No quiero imaginarme con otras porque eres todas mis historias y tengo un problema contigo: eres muchas tramas complicadas y solo espero que ningún desenlace. Me jode cuando los sentimientos son fotos, cuando solo se busca un nosotros, cuando tenemos todo en común. Solo quiero no tener ni puta idea de lo que piensas, y descubrirlo a tientas, y tentarte y malearte conmigo.

Hoy me apetece mucho verte dormir… muy poco.

Futuros

Te despiertas y toda la oscuridad se esconde debajo de la cama, y yo te veo, te miro, no doble, pero sí muchas veces y fijamente. Tienes los ojos cansados de soñar aunque me dices que son por no verme cuando duermes, y yo te rozo la cara con todos los callos de mis dedos, y te da igual, que para ti son y hacen música, y que a veces sientes vibrar las cuerdas en tu mejilla. No sé, te levantas poco a poco como si no fuera un lunes más y yo me peleo con la luz que entra por la ventana para ser yo el único que te vea el culo desnudo, y tienes el detalle de decirme que es mío, mientras te cae el pelo como una canción de amor en guerra por la cara, y sonríes. Y sonrío. Y ya no existen las mañanas, ni las noches, solo tiempo contigo, y tiempo sin ti. Y yo no me creo que la eternidad dure una sonrisa, y no me creo que sonrías tanto conmigo.

Me levantas como quien tira de la sábana por una ventana, y me tiro a por ti. Y te levanto, y tus pies ya no tocan el suelo, y a veces hasta creo que flotas, que no pesas nada, y que ojalá sigas así siempre y no tengas ni una pena en el corazón que te pese. Y damos vueltas, como todos los días, como todas las veces, y atravesamos todas las puertas que quieran cerrarse a nuestro paso, y saltamos todas las escaleras que quieran ponerse en nuestro camino, y nos tropezamos, y nos caemos, juntos.

«Encajamos bien porque el escritor hace de la realidad literatura y la actriz hace de la literatura realidad», lo dices siempre, y tengo futuros así para ti hasta que te canses de interpretar a la chica de los ojos cansados y moño de estudiar.

Contigo

Parto de la base de que solo quiero partirme de risa contigo, de sonrisas que elevan los sentidos, de que me miras y no hay nada más que los dos en nuestro mundo. Tenemos conversaciones, tumbados, que levantan ánimos, mordiscos que duelen más cuando los dejas de dar, y finales de todos los principios de un otoño que viví recorriendo tu nerviosismo. Hacemos las cosas diferentes para hacernos distintos, para no estar más distantes, para dejarnos llevar por el instinto. Y tenemos instintos suicidas de corazones rotos que solo quieren juntarse con cada destrozo. Que sale lo que somos cuando estamos a trozos, y somos todo lo que nos junta cuando empezamos de nuevo, cuando empezamos a ser nosotros.

Tengo toda la noche, si te quedas, para correrme contigo, para que no tengamos más frío ninguno de los dos, y dejar de lado el hastío que envuelve cada uno de nuestro colchón cuando no estamos el uno con el otro haciendo el amor, cuando no pasamos las noches gritándonos, diciendo las cosas que sobran. ¿De qué sirve la voz? Si me lees en cada mirada… Si hablamos del interior, somos la pieza que encaja y resuelve el corazón.

Y si fuera por mi instinto, no te dejaría marchar, pero solo quiero que vuelvas libre, y soy solo el final de tus elecciones. Y solo espero ser tu elección final.

Voy a apostar por ti

Supongo que llega un momento en que alguien viene y nos saca unas sonrisas que no teníamos pensado que salieran hoy, y nos alimentamos de eso para seguir. Para seguir con todas las cosas cotidianas que ocupan más tiempo que lo importante y lo que nos llena. Porque nos llenamos de tantas cosas inútiles que a veces hasta pensamos que no tenemos espacio para las cosas que pasan de verdad. Y de verdad que aunque no lo parezca, nunca lo estamos haciendo tan mal. Somos nosotros la ley de atracción universal para las cosas buenas que nos pasan, porque lo único en lo que conspira el universo conmigo es en ponerte a ti, contra mí.

Todo sale bien y todo sale mal, y tenemos que ocuparnos de que no salgan las cosas a medias, porque no hay nada peor que no saber el resultado final de algo. Y hablando de cosas importantes: voy a apostar por ti, por mí. Porque creo que eres el mejor final de un principio que puedo encontrar, así que no te preocupes, que todo pasa. Aunque espero que todo menos tú, que te quedes mucho tiempo, y que solo te vayas si al final te cansas. Y que sepas, cuando no puedas más, que enero lo podemos acabar en 3 besos cuando quieras.

Recuerda que hay que ser feliz en el camino, no al final.

El día más triste del año

Estoy en ese punto de hacerlo todo o no hacer nada. Como cuando dos miradas se buscan y se encuentran y los pies se acercan. Y ahí los labios están en ese punto de besarse y que pase algo, o que no pase nada y arrepentirse. El final puede ser malo en ambos, pero si no lo llegas a hacer, si no la besas, te vas a arrepentir toda la vida. Y tenemos miles de esas decisiones cada día, y lo bonito es que, tomemos la que tomemos, vamos a seguir viviendo con todo o con nada.

Yo solo quería decirte de forma bonita que eres el principio de un todo y que, aunque tú no estuvieras, yo seguiría aquí, igual pero más triste. Más triste que este lunes, que es el día más triste del año. Así que imagínate, imagínate sin mí, para que no te tengas que imaginar conmigo porque es real.

Yo solo quería decirte que eres capaz de hacer del día más triste del año el mejor día de mi vida.

Tú y yo

Deja de decir que no puedes con ello, que tú puedes con todo y con más. Deja de mirar como si buscaras algo, ya lo tienes todo, solo tienes que prestarle más atención. No hay más respuestas que mirarte bajo la luz de las estrellas el corazón. El cielo solo es especial cuando estamos bajo él los dos. Empieza a ir a por lo que quieres y lo que quieres vendrá a ti, que la que hace esperar eres tú, que la única que se pone barreras para luego romperlas eres tú, que tu mundo se mueve cuando te mueves tú. Mientras tanto voy a hacer como en la canción: «Terminaré por llevarte a cuestas, terminaré por llamarte amor». A mí no me importa ser la mala respuesta cuando tienes todas esas dudas que te entran con la ropa puesta, cuando tienes la cara de apunto de pedir perdón, cuando la mañana solo es una noche muy larga, cuando estás tan guapa que ya no me lo robas, te regalo el corazón.

Yo por ahora me conformo con ser parte del tiempo que se desliza por tu voz, ser la piedra para que te agarres y no para que te tropieces. Hacer el espacio lo más pequeño entre tú y yo.

Hay de todo en esta vida, hay de todo y luego estamos tú y yo.

Contigo por mí

Te vi esperando a la segunda oportunidad cuando ni siquiera gastaste la primera, queriendo dar el tercer beso antes que el primero, traer la primavera en medio del otoño. Y aunque yo no quise acercarme del todo porque a todo a lo que me acerco se rompe, tú tampoco querías que me alejara. Ya sabes que yo siempre creí que, si te tenías que romper, solo debería de ser a reír. Te esperé tantas veces a la luz de la luna con un abrazo en la recámara para salvarte la noche, queriendo ser parte del tiempo que atrapas entre tus dedos cuando coges fuerzas de flaqueza, cuando crees que no puedes más y sigues, cuando me llamas amor y no olvido. Y ya nunca quise estar lejos de ti para que no tuvieras que decir nunca «Quédate a mi lado», porque lo estoy y lo estaré.

Menos mal que reconociste a tiempo que estabas más guapa conmigo, que yo siempre veo brillar el maravilloso desastre que eres y que tu caos está acabando con mi rutina. Menos mal que llegamos cuando queremos, cuando nos queremos, y cuando no queremos que acabe.

Y aunque parezca egoísta diré que estoy contigo por mí, porque me haces feliz.

Ni te imaginas

Ni te imaginas que llevo esperando un rato aquí sentado a que sonrías, a que me cuentes qué tal el día, y a que te quejes de todas las cosas que nos tienen hartos. Últimamente tengo la sensación de que todas las chicas son raras menos tú, porque tú eres única. Y sí, me dirás eso de que tan única como el resto, y yo te diré que sí, pero que el resto es incapaz de cambiarme la vida como tú, de hacer de las noches días, de sacarme la tristeza de encima. Calculo que llevamos unos 1400 besos dados, y sigo con la sensación de que no se acaban, de que tu espalda es casa, y de que nunca se está demasiado lejos cuando se tienen ganas.

Ni te imaginas que no me imagino con ninguna otra, que cambio los «y sin embargo te quiero» por «sobretodo te quiero», que hasta te dejo que duermas del lado de la pared si yo duermo a tu lado. Definitivamente hay días que sí, y sobre todo hay personas que hacen que la vida sea siempre así.

Ni te imaginas que ya te imaginaba antes de que llegaras.

Desde que tú, ninguna

Llego a la insólita hora de no tener prisa, de mirarte con las manos mientras te desvestía, de escapar por puertas cerradas que no se paran a escuchar lo que sea que gritas. Llegaste para ser la enemiga mortal de las habitaciones vacías; para arañar –con las uñas que llevas en los ojos que tienes de gata– a todo el frío que quiere cogerme en las noches en las que me escapo a gastar una de las 3 vidas que me quedan desde que ninguna otra me las quita.

Desde que tú, beso menos a oscuras, tengo un manual de cómo vivir sin pensar en cómo vivo, y sobre todo vivo todos los días. Desde que tú, tramo planes fatales con ron de por medio y contigo encima, tengo una lista de cosas que hacerte y feliz está la primera. Tengo menos miedo a encontrar lo que busco, tengo menos miedo de buscar lo que quiero.

Desde que tú, ninguna.

No tengo ni idea

No tengo ni idea de por dónde empezar a contarte lunares, a contestarte las veces que me llames, a llamarte cuando tengo la necesidad de contarte. No sé por dónde empezar a perder la cabeza en ti, a hacerme madrugada y media de maratón por tus piernas, a enlazar todo lo que me falta con lo que te sobra a ti.

No sé por dónde empezar a acabar contigo, a pegarnos a medias, a medir cuánto nos pegamos. No sé despegarme después de juntarnos, ni separarme después de ti.

No sé ni cómo, ni cuánto, ni por qué, pero te quiero conmigo.

Zumo de naranja, tostadas y el amor

A veces la mejor historia no acaba en para siempre, sino en hasta mañana.

Nos mordemos, de las ganas que nos tenemos, los labios, y buscamos espacios entre nosotros, pero solo para rellenarlos, para que no haya distancia física en la que no podamos tirarnos el uno encima del otro. No vamos a cambiar todas esas cosas que hacemos mal, no vamos a ser lo que se espera de nosotros, pero ya nos lo avisamos, ya nos avisamos de que, aunque no acabaremos juntos, así lo empezamos y con eso nos llega. Y aunque decimos que querernos nunca fue para tanto, ni para tantos ratos, que no somos un para siempre, que somos un hasta mañana continuo, un buenas noches inconstante, esto es un «o tú o ninguna». Te quiero tanto que ya ni bromeo con estar sin ti.

Es difícil tener tanto amor sin apetito, luchar contra la rutina cuando nos sabemos de memoria, pero tú eres la mejor actriz y yo soy un escritor mediocre, y acabamos por yo crear la realidad y tú interpretarla a tu manera, y nos improvisamos, y nunca nos sabemos a poco, y nunca somos demasiado, y nunca nos acabamos. Porque al final somos todo lo que nos queramos.

Me dijo que para desayunar me iba a hacer un zumo de naranja, unas tostadas y el amor, y no pude no quedarme.

Te quiero como a ninguna

Quiero que el mundo solo exista en tu habitación, quiero no saber en qué día estamos, qué hora es ni cuántos besos llevamos. Quiero que no te pongas más la ropa, y que no me la dejes de quitar, quiero quitarte todas esas cosas que sobran, que estás más guapa cuando eres toda felicidad. Vamos a volver a jugar a solo decir lo que nos queremos, lo que nos queremos hacer, y lo que no, que ya sabes que yo te quiero hacer de todo menos daño. Y te quiero del todo, todo el rato.

Quiero que no nos acabemos nunca, pero no quiero que seamos eternos, quiero vivir de los momentos en que estás, que pasen rápido los que no, y que 5 minutos más sean toda una vida.

Te quiero como a ninguna.

Y SE PUSO ELLA

Ya no puedo no quererte todo el rato, estar sin ti por el por si acaso, no saberte de memoria con mis manos. Hacer de todos los días nuestro día, tener la misma luna, saber que hay 100 besos de distancia cuando te acompaño a casa. Vamos a empezar por desconocer lo que sabemos de querer a otros, por poner en huelga los abrazos a los equivocados. Eres la mejor de todas, porque el amor está en los ojos del que mira, y yo nunca te dejo de mirar ni cuando cierro los ojos.

No sé si voy a poder cuidarte todo lo que te quiero porque, la verdad, nunca me han gustado los «siempre», pero voy a cuidarte todo lo que sea capaz y después un poco más, y después otro poco más y después otro poquito más.

Yo solo quería alguien que me quitara todas estas penas de encima y se puso ella.

Casualidad

Ya no creo que creas que fue casualidad habernos encontrado después de pensar que no nos íbamos a ver más, que yo te vi, y di mal todos los pasos de baile para tropezarme contigo, para que me volvieras a decir eso de que tuviera cuidado contigo, leyendo a mayores un «cuida de mí». No creo que fuera casualidad que tuviéramos el mismo camino de vuelta a casa, y que fuera el camino contrario a nuestra casa de verdad, con un no querer llegar por miedo a que se acabe el momento, un no querer llegar por miedo a dar el primero de todos nuestros últimos besos.

Yo ya te iba a decir que me encantaban todas tus respuestas para ganarme, el volver a verte a otra vez, pero de verdad que no esperaba que me calaras tanto, que era como hablar con alguien totalmente distinto que piensa como tú, pero no igual.

Y ahora confesaré que lo que más me gusta de ti eres tú, pero lo que más me gusta de mí también eres tú.

Hasta que aparezcas, y apareciste

Estabas ahí afuera y me esperabas, aunque no lo supieras, y yo a ti. Dejamos de besar labios que desesperan y ya no nos mentimos con otros con algún «seguro que valdrá la pena». No buscamos nombrarnos, ni etiquetarnos, y ya no me imagino que me vas a enamorar y que tú detrás, porque ya lo hiciste y caímos de lleno en la maldición del empezar a importar. Y conozco tus malas mañanas y tus buenas noches y me quedo con todas, y peleamos por el lado de la pared de la cama cada noche, y memorizo cada parte de tu cuerpo en cada ducha en las que te pasas media hora a mí pegada. Y ya no nos acordamos de las madrugadas en que sabía que ibas a llegar, ni de las 400 lunas que se acostaron conmigo sin ti mientras no estabas.

Fue un día de sorpresa, una mirada, y nuestra piel quedó imantada, y dejé de buscar chicas de una noche para buscar noches para una chica que no se vaya, y no te fuiste. Y ya nunca fueron igual las 4 de la mañana, porque llegaste verano al invierno polar de mis sabanas, y eres todas las estrellas mientras invento constelaciones en tu espalda.

Eres arena esparcida en mi habitación, ordenando el desorden de la tinta, y ya no tengo miedo a perder ningún domingo de mi vida saliendo de tu cama y tú dormida.

Buenas noches corazón, porque iba a ser un «hasta que aparezcas» y apareciste, y ahora tu risa va a ser mi canción del verano.

Tengo que empezar

Tengo que empezar a preguntarte qué vas a hacer mañana y si lo quieres hacer conmigo, si quieres que deje las ruinas de otras primaveras y me vaya al verano que eres. Tengo que empezar con las luchas entre los nervios y las ganas por verte, con ser tiempo para los dos, con ser yo mismo contigo. Tengo que empezar a preguntarte si vas a desnudarte y si quieres que lo haga contigo, si ya no te apetece bailar sola y prefieres que te pise yo a bailar bien con otros, si quieres que sean todas noches buenas con ron por bandera e iluminando tu mirada mis aceras. Porque ya sabes que somos un desastre, pero somos el nuestro, y no va a acabar con él nadie.

Aún quiero tardar en plantearme cómo coño sigo cuando no estés conmigo.

Las noches no son para dormir sin ti

Le digo que se deje de tantos maquillajes, que las arrugas que dejan las sonrisas no se disimulan, que está más guapa con la marca de las sábanas en la cara, que debería de dejar de pensar en quién era y pensar más en quién es, que tiene todo un mundo para comerse, pero que empiece por mi boca. Que las ojeras solo son noches que recordar, que solo necesita tres cosas para ser feliz y no va a decírselas a nadie. Que los números no persiguen a nadie, que tiene todas las razones y también las formas de hacérmela perder. Que estoy más feliz cuando lo es ella, que ella me dice que es más feliz cuando lo soy yo.

Que la Nutella no es adictiva, que es su personalidad la que lo es, que le doy todos los besos en la nariz que quiera, que mientras crea en ella no necesita creer en nada más. Que no hay que tener nada ni a nadie por tener, sino por sentir y por querer. Que donde mejor le queda la ropa es tirada por el suelo, que los domingos son para bailar delante del espejo y combatir la resaca.

Que las tonterías nos hacen ser quienes somos, que somos lo que queremos ser. Que nunca sea igual no significa que sea peor. Que las noches no son para dormir sin ti.

No sé

El otro día me preguntaron si te quería y solo me salió decir que no quiero a nadie que no me quiera. Pero es mentira, porque quiero pasarme todas las mañanas de turismo recorriendo los lunares de tu espalda en la cama, quiero darte besos a todas horas, quiero ayudarte a hacer que puedas con todo, quiero que te sientas igual de invencible que como te veo yo, quiero ser tu camino de vuelta a casa y no irnos cada uno por su lado, quiero que no estés ni un solo momento triste, quiero que dejes de pensar que igual no es el momento porque solo somos este momento y no vamos a ser nunca más iguales. Que, si estropeas todo lo que tocas, hasta quiero que me acabes estropeando a mí, que ya me encargo yo de arreglarme solo. Quiero intentarlo aunque tengamos que asumir que puede salir mal, porque creo que estaría peor que no dejáramos ser lo que es. Porque lo fácil sería pensar que no somos el uno para el otro, que ya habrá más, que hay que dejarlo estar, pero tú nunca fuiste la chica fácil, y a mí me gustan las mujeres complicadas. Porque yo nunca fui valiente, pero por ti me atrevo a todo.

Yo no sé si te quiero, pero sé que no quiero estar sin ti.

La confianza es mejor que la suerte

Tienes un mapa en la espalda en el que miro cada día a cuántos sitios me falta ir contigo, en dónde me quiero quedar, por dónde llego a casa. La confianza es mejor que la suerte, y confió en ti, y confío en que te quedes aquí para quedarnos a dormir, para que el lunes ya no duela. Eres el empujón que necesito a veces para empezar la semana, la adrenalina que me crean las ganas, el montar en bicicleta sin manos. Eres mi oportunidad, y aunque sé que es difícil estar con alguien que no sabe dónde va a estar mañana, que no sabe qué va a hacer mañana, tú dices que nos quedamos con el hoy, que es lo único que importa, y que mañana es otro día y que vas a seguir estando ahí conmigo.

La confianza es mejor que la suerte, porque sí, también eres mi suerte, las cosas buenas que me pasan, pero sobre todo eres quien me hace creer, y eso no lo consigue nadie.

Con quién duermes

Uno elige con quién duerme, no con quién sueña, pero qué bueno cuando coincide en la misma persona, cuando no tienes que escapar para estar con quien quieres, cuando no estás sin querer, cuando quieres todo lo que tienes. Qué bueno cuando conseguimos ser lo que queremos, cuando tenemos el mundo justo en los labios que besamos cada día. Qué bueno cuando nos cuidan sin pedirlo, cuando nos salvan sin exigirnos nada, cuando nos hablan por echarnos de menos. Qué bueno cuando estás para hacerme más cortos los meses que no pasan, para ser la mejor forma de empezar a acabar el año, cuando eres todo el noviembre que quiero. Qué buena que eres, que estás, que hasta me quieres. Frío es estar sin ti, así que no me dejes tenerlo nunca.

Soñar siempre es mejor con alguien

No podemos perder los nervios ni las ganas de empezar a hacer cosas por primera vez. No podemos acostumbrarnos a lo fácil porque es lo de siempre ni quedarnos a la espera de hacer cosas nuevas que nos dan miedo. Nadie que vivió de verdad nos dirá que hizo lo mismo toda su vida, nadie que no se equivoque sabe lo que es acertar de verdad, nadie que no se haya arriesgado ha conseguido sus sueños. Y al final, todo es soñar, mejor con alguien, compartir retos y metas, creerse invencibles al lado de alguien, y no serlo, que nos levanten cada vez que nos caigamos. Y hacer nosotros lo mismo cuando se caiga. Porque hay personas que saben que podemos mucho antes de que nosotros lo sepamos, hay personas que nos hacen llegar al límite, y saltan con nosotros para superarlo. Los sueños son para compartirlos con alguien, igual que la felicidad, y la vida. Y sobre todo las noches son para compartirlas contigo.

Lo único que vale es hacerte feliz

Lo único que vale es hacerte feliz y no prometer cosas que sabemos que no podemos cumplir. No agobiarnos por lo que hayamos hecho mal, y trabajar para hacerlo bien. Porque siempre es la próxima decisión que tomamos la que nos define, siempre es el siguiente paso, el siguiente beso, el que nos hace saber dónde estamos y lo que queremos. No es pedir perdón todo el rato, es que no tengas que volverlo a pedir, porque la gente que te quiere perdona. Aunque no se pueda, ni se deba perdonar todo, ni a todos. Solamente quiero refugiarme contigo, que hagamos guerra en una cama de 90, y firmar la tregua en la ducha. Quiero hibernar contigo hasta la primavera, y que nos despierten cuando llegue el calor. Quiero decirte que te quiero a ti, y llevo 50 textos reuniendo el valor para decírtelo, porque hay que ser valientes para querer a alguien, y para hacer feliz.

Hay que creer

Creo que hay que creer más en nosotros, que somos todos los techos que nos queremos poner, que se puede todo. Creo que hay demasiadas personas que tienden a no tender puentes, que los que no suman estorban, que hay personas que nos salvan la vida con un abrazo. Creo que creo que cualquier cosa es posible cuando te veo, que me haces ser mejor sin que hagas nada, que me haces reír siempre aunque no tengas mucha gracia. Que te esfuerzas en todo, y me dan ganas de tirar para adelante con todo, no solo por ti, por mí, porque ser la mejor versión de nosotros mismos es lo que merecemos para nosotros, y para los que queremos. Y hay que querer a quien suma, querer a quien nos cuida, a quienes nos levantan en cada caída.

Navidad

Para mí la Navidad empieza cuando llegas, cuando rompes con todas mis perezas, cuando me rompes la rutina con un beso, cuando estudias tanto que se te olvida la hora que es y salimos de madrugada a bebernos todas las lunas con ron que quieras. La Navidad empieza cuando me escribes desde la estación que no quieres pasar otra noche sola, y soy yo el que te espera, sea la hora que sea, para hacerte bienvenidas que bajen de tu espalda a tus piernas. La Navidad es estar con quien quieres, beber con quien quieres, comerte a quien quieres, y volver a empezar. La Navidad es mucho más personas que fechas, y casi nunca es solo un lugar. La Navidad es empezar el invierno con quien acabaste el último, con quien viviste todo y solo quieres volver a hacerlo.

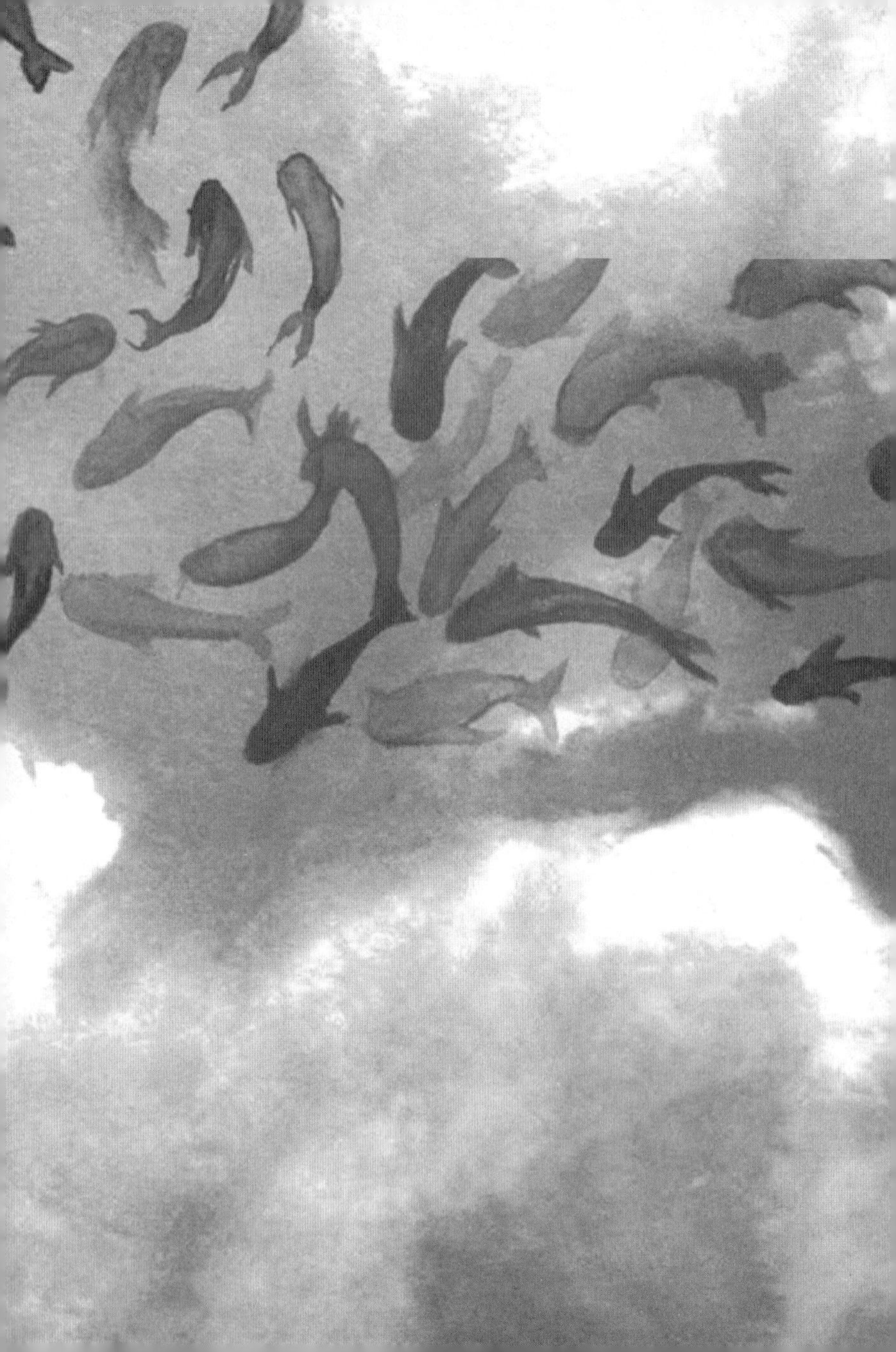

PARTE 2:
Tormentas

Tengo un problema conmigo: tú

Dicen que no se puede ser feliz todos los días, pero por lo menos hay que intentarlo. Me acuerdo de cuando te preguntaba qué querías ser de mayor y me decías que feliz, y te agarrabas fuerte a mí, como si yo tuviera la culpa.

Vimos todos los enfoques que pudimos sobre la teoría del caos con tu cuerpo de pizarra, después de hacernos los valientes, de fingir que tú no tenías miedo a decirme que sí y yo no tenía miedo a que me dijeras que no, que aunque haya cosas que no queremos escuchar, las respuestas pueden no ser las esperadas y la pregunta que nos iba a dejar sin nada nos lo da todo. Y mira, es mucho mejor arriesgarse a fracasar antes que seguir imaginándome futuros contigo sin ti.

Tenemos personalidades adictivas pero inconstantes, nos quisimos tanto tan pronto que nos hicimos tarde sin darnos cuenta. Y yo no quería hacerte más tarde, yo quería hacerte noche. Nos quisimos contar tantas cosas que al final no nos contamos nada, nos quisimos contar los lunares y la madrugada estaba nublada. Tú querías historias para dormir y yo, amor, quería una historia para no dormir, de las que se viven y se recuerdan y no se cuentan.

Nos acabamos como empezamos: pronto y a medias. Ahora prefiero odiarte un poco a quererte apenas. Me despierto algunas mañanas y aún me repito: «Tengo un problema conmigo: tú».

Noviembre

Me hablas en pleno noviembre de hibernar y mordernos,
de playas y de nervios, de la distancia de tenernos.
Me hablas y casi te veo.

Planeamos cada noche una vida juntos
y nos juntamos con días separados.
Intentamos abrazarnos y chocamos con almohadas
que huelen a tocarnos.

No amamos, nos follamos alejados,
no sé si llegan los orgasmos de Coruña a Santiago.
Nos saludamos con luces verdes en aparatos
y me pierdo tus caritas de siesta al acostarnos.

Descortesías

Otros te pueden probar, pero yo sé cada trazo de tu rostro. En cada nota que afinas en mi oído, cantando, te di vida y media. Sé ser el apoyo de tus brazos en un concierto de nosotros. Aunque no te lo diga, siempre me apetecías como apetecen los helados en verano. Siempre estoy a dos pasos de hacer desaparecer las despedidas, y las nuestras siempre son entre lluvia. Y aunque no seas rubia, te preguntaré adónde vamos. Que mi casa es el polo y tú derrites hasta el círculo polar ártico.

No le pidas a nadie más que te escriba, quiero ser el único que describa tus heridas, que se crea tus mentiras y que dibuje tus sonrisas. No leas otro libro que no sea el nuestro, eres mi mes de abril que me pilla sin nada puesto, que ando desarmado porque amas las discusiones de contacto y lo único afilado son tus labios.

Siento las descortesías y perderme tus buenos días, pero ya sabes que estoy para los malos, que me gusta tu pelo entre chaparrones, y dime eso ya de «Tápame con un beso los rencores».

Y que aunque tú leas a otros, que yo sea el único que te escriba.

La frontera

Nosotros siempre hemos vivido en zona fronteriza entre desearnos y olvidarnos. Que tú quieres que te conquisten y yo no sé andar detrás de nadie. No sé perseguirte, sé pensarte intensamente durante un rato, pero luego siempre me distraigo. Tú quieres en lunes estrellas personalizadas que se alumbren con cada paso, y a mí nunca se me ocurre la frase adecuada en el momento esperado. Que sé improvisar, pero no sé hacer las cosas bien cuando se trata de ti. Que ya sabes que me dicen a menudo eso de que no voy a poderte hacer feliz, pero lo intentaré. Pero no te lo puedo prometer. Que no soy lo suficientemente valiente para agarrarte, que soy un cobarde que se conforma con esperarte. Que te echo en falta muchas veces y quiero llamarte para estar un rato contigo, pero me faltan señales y me sobran signos de puntuación finales.

No sé, ¿y si nos dejamos llevar por los daños colaterales y tú empiezas a conquistarme y yo empiezo a perseguirte y a pensarte cuando me despierto por las mañanas con ganas de besarte? Cruzamos la frontera de una puta vez y nos quedamos en desearnos, que siempre va a haber tiempo para olvidarnos. Vamos a ser dos personas normales que tienen una historia normal de las que merecen la pena recordar. Voy a saber invitarte a bailar y tú vas a saber decir que sí. Voy a ser 30 segundos valiente de una vez y decirte que soy un cobarde, pero que no quiero ya más esperarte, que quiero que me abraces. No más excusas para llamarte, no más signos de puntuación finales en la primera frase.

El trayecto

Te vuelves a dormir y vuelvo al ciclo de escribirte hibernando, de que me lees en los madrugones, de que me lees hasta en mis manos… Y aún no sé cómo decirte que no hay momentos en que me sobres, que quiero besos en la frente y besos en los labios desayunando, quiero labios bajo cero derritiéndose en un baño. Te dejaré mordiscos en vales personalizados. Si nos ponemos cursis, «te amos» en el espejo del lavabo. A mí no me hace falta verte 24 veces al día para saber cómo estamos, ya sé de sobra que estamos alejados. Que me preguntan que qué tenemos y les digo que distancia. Pero, amor, sigo caminando, los cruces en el amor son inesperados, los golpes del corazón son sincopados. El trayecto de tu cama a mi colchón son dos pasos mal dados.

Distancias y desgastes

«Dejémoslo en que ninguno de los dos tiene la culpa de que no sueñe con él por las noches». Y que tiene razón: ¿qué culpa tiene ella de que no lo pueda querer como quiso a otros? Aunque le dé todo lo que él pueda darle, hay heridas de idiotas que no se olvidan, aunque te claves clavos en cada uno de tus lunares. Que la nostalgia es lo más productivo que nos ha pasado a todos, pero que no siempre es rentable, que hay lágrimas que ahogan y lágrimas que secan la sed que dejan los desastres.

Yo sé que tú querías querer a todos con amor en bruto, de ese que deja «casa» como si hubieran pasado miles de huracanes. Pero que no se puede morir por todos igual, que aunque sea la misma sangre, no todas las heridas sangran en la misma cantidad, y que hay muchas formas distintas de darles puntos a los cortes. Y que se hace rutina extrañar a menudo, ir mejorando y que el corazón ya solo duela cuando late, que hay conversaciones en *stock* para ti, cuando no sepamos cómo salir.

La pasión no se pierde con los años, se pierde con los daños, y es jodido encontrar a alguien que ponga patas arriba tu mundo, que te haga ver las cosas a ciegas, y que te haga saltar desde todas las azoteas de las que ella se quiera lanzar.

No vuelvas a decir que no te enamoras para no llorar, porque me pienso beber hasta la última gota que me acabe de ahogar.

La señorita Bomba Atómica

Tenía dinamita en la mirada la chica de las gafas de sol en enero. Siempre es difícil ser el primero, pero si me seguía aguantando la mirada, iba a explotarme el pecho. Así que bajé la vista para mirar al suelo. Tenía que dar dos pasos, que delante de ella parecían 500. Me había propuesto ya el no tomar decisiones, pero ya estaba tomando la decisión de no tomarlas, así que me decidí por preguntarle por el tiempo, que cómo hace tanto tiempo que no nos vemos.

A partir de ese momento, dejamos de vernos y nos empezamos a mirar. Yo veía tantísimas cosas en ella y ella se imaginaba tantísimas cosas de mí. Yo lo quería todo de ella y a ella quería poco de mí. Era la señorita Bomba Atómica y yo era el chico de los ojos ilusionados, era el señor Optimista y ella la chica que te cambia la vida cuando la tienes al lado, o encima. ¿Por qué no íbamos a salir bien? Si se le daba genial entrar y salir por la ventana, y a mí me gustaba que las cosas explotaran. Era feliz porque no sabía que lo era, en las noches en las que provocaba fusiones nucleares en mis costillas y en mi espalda. Que con la luz apagada ella brillaba, que provocaba eclipses de sábanas cada vez que se despertaba.

Pero sus miradas desde cerca quemaban, y no era el único al que le gustaban las llamas, y las madrugadas sabían más de ella ardiendo cuando bailaba que de amores eternos de barra. No sé quién preguntó: «¿Me vas a echar de menos cuando te vayas?». Pero nunca nos contestábamos las preguntas que no queríamos que el otro escuchara. La señorita Bomba Atómica dejó la ciudad del señor Optimista desolada, aunque le dijera que, cuando trajera tormentas atómicas, intentara no dejarme hecho un desastre, que después de que se vaya tendré que seguir viviendo en esta ciudad sin sus llamas.

Señorita Bomba Atómica, qué suerte tendrá el próximo al que le cambies la vida con una mirada.

Imanta

Hay chicas que te atraen. Chicas por las que das todos los pasos para poderlas alcanzar, por las que sabes que no hay más futuros que acabar fatal, por las que sabes que aunque quieras no puedes escapar. Son relaciones viciadas entre amor y odio, batallas de palabras que nunca acaban con vosotros. Son volver a empezar las cosas que no se arreglan, como escribir encima de un tachón con letra aún más pequeña. Son días repetidos entre rutinas y lo que ya se ha vivido. Son mantener una llama en un invierno de gritos. Son los falsos momentos de amor para que valga la pena, pero son penas que apenas llegan a saldar las deudas, que dejan las uñas en las espaldas los primeros meses. Son siameses que no se quieren separar por miedo a no verse, por miedo a estar solos, por miedo a no encontrar otra boca que los bese. Son las apariencias que se guardan cada vez más veces, las camas que se abren por inercia con falta de querencia, despedidas que antes eran eternas y se vuelven secas, anticipos de recibos de la paciencia que queda, de no querer llevar la cuenta de cuántos días nos quedan.

Y aun así fingimos que nos queremos a morir, y nos dedicamos canciones que se escribieron para otros. Intentamos salvarnos cada uno y nos acabamos un poco más. Nos damos cuenta de que hay más amor ahí fuera, muchos chicos que te esperan, alguna chica que me mira con cara de buena. Pero lo intentamos y seguimos fracasando. Es difícil dar el primer paso, pero es aún más difícil dar el último. Aunque me imantes cada día y me pidas que vuelva, lo que me aleja ya no me imantará más a ti. Lo que nos aleja nos acabará salvando, pero mejor por separado.

Guerra

Le dijo:
—Voy a decirte que te quiero aunque no quieras oírlo.
Y ella lo escuchó. Lo escuchó porque quería oírlo, aunque tuviera miedo de no saber echar el freno. Es más cómodo engañarse creyendo que no te quiero que poner el corazón en juego. Y como dice Sabina: «Cómo coño vamos a salir ilesos de esta magia en la que nos hallamos presos». Para no salir de ningún lado, no hay que entrar. Y ella no quería que nadie entrara en ella. Pero siempre hay alguien que llega y te rompe los esquemas. Y los apuntes no valen. Las teorías son para los libros, y esto es la guerra, y te conviertes en la reina de corazones, aunque no quieras. Que lo único que no quiere es que la hieran.

Él se lo va a decir, pase lo que pase y pierda quien pierda. Si se calla, el «no» está asegurado, y aquí de imposibles solo sabemos las canciones que nos queman. Se lo va a decir aunque no quiera, aunque ella no lo quiera, aunque no le deje ni fracasar con ella. Porque a él, cuando no piensa, ella siempre se cuela en su cabeza, aunque no lo entienda, aunque no la entienda, porque por lo menos ahora mismo tiene más dudas que ruinas en el lado izquierdo de su paciencia.

Ella tiene más miedo de él que él de ella, porque el problema viene cuando tienes una vida hecha, la rutina de saber quién eras, pero aparece alguien y sigues siendo la misma persona, aunque con muchas más cosas buenas. Él se atrevió a decirle que el mundo para él era ella, y ella se atrevió a escuchar que en su mundo no solo vivía ella.

Sur

No damos el primer beso por miedo a echar de menos no poder dar todos los demás. Y al final nos reconocemos que mentir también es una forma de hablar. Podría ser «tu noche y tu día», como dice Sabina, o tu domingo y tus prisas, pero siempre llego tarde al reparto de papeles en tu vida. Nos conformamos con soñarnos desde lejos cuando toca actuar. Si tú quisieras, yo haría de 65 kilómetros un centímetro nada más. Tengo tiempo para convencerte de que habrá más conciertos a los que te lleve, que puedes ser casa las veces que desees, que la piel habla de ganas que no entienden de amaneceres.

Y hablo de futuros entre ron y cola y solo sale tu nombre, solo sale tu risa inundando el norte. No damos el primer beso por miedo a echar de menos no dar los siguientes, pero es que ya te echo de menos cada noche.

No pienso dejarte marchar

Te dije, como dice Carmela, que hasta que te termine el cuerpo no pienso dejarte marchar. Y aún no he acabado contigo, aunque tú quieras terminarnos antes de tiempo, aunque después digas que ojalá no te hubieras ido. Que, aunque no sepas si te gusto tanto como para no arrepentirte mañana por la mañana, esta noche vamos a ser eternos, ya que nos hemos puesto contentos. Vamos a empezar el cuento, o la cuenta atrás de los besos que te debo. No sé qué nos vamos a hacer, solo espero que de todo menos daño. Hoy no habrá juez que defina la mentira, todo lo que nos digamos van a ser verdades, por lo menos hasta que sea de día. Y no me pidas nunca más perdón, ni por sentir, ni por pensar, ni por cambiarme la vida.

Voy a esperarte en tu portal hasta que subas y después hasta que vuelvas a bajar. Vamos a juntar mi caos y tu desastre con encuentros fugaces en el asiento de atrás en un garaje. Aunque parezca que yo sea el duro, si quieres me puedes, porque en las distancias cortas tú te haces gigante y yo me hago pequeño, y yo no sé qué va a pasar, pero espero que, pase lo que pase, me pases lento, dejando heridas o recuerdos. No quiero que hagamos las cosas bien ni las cosas mal, solo quiero que las hagamos, que la culpa solo aparece después de que nos pasemos, y me voy a pasar contigo todas las paradas en las que quieran que nos bajemos.

Te me vas de las manos, y llegará un momento en que seas demasiado grande para que te pueda abrazar. Pero ahora mismo te daré las buenas noches, aunque sean las 7 de la mañana y ya sea de día.

Tú eliges

Sé más de correr detrás de ti que de alcanzarte. Cualquier miércoles de marzo pasas por aquí y nos tropezamos juntos. Tómatelo como una invitación a un baile. Decían eso de que en esta vida hay que hacer todas las cosas que te despeinan…, pues yo opto directamente por hacer todo despeinado. Al fondo de estas líneas está la torre de Hércules dejando constancia de que en Coruña a los gigantes los matamos, y, bueno, que correr paralelo al mar es como dar muchas vueltas alrededor de ti y nunca cruzarnos. Si nunca te metes mar adentro, no sabes lo que hay más allá. Que en la orilla siempre se está seguro, pero si no te adentras, si no te hundes, no lo vas a conocer de verdad. Es cierto eso de que la arena de la playa del Orzán sabe más de momentos que dejan huellas que las camas. Y eso, que hablo de las camas, pero yo siempre fui mucho más de sofás, que ya me dejé la espalda en el suelo porque a veces tenemos mucha prisa por amar. Voy a dejar de divagar y de vaguear y voy a buscarte y a cruzarme contigo alguna mañana por la calle real. Voy a decirte eso de que estamos siendo primavera, aunque sea verano, aunque te encuentre en enero con las gafas de sol, paseando. Quiero llevarnos a bailar por toda la arena. Vamos a dejar esas huellas de las que hablaba antes por el Orzán.

Estoy pensando que ser feliz es una actitud y tú estás haciendo sonreír a todo el paseo marítimo, y eso sí que es ir detrás de ti sin alcanzarte. Porque a veces también dudas de cómo vas a hacerla sonreír más de lo que ya lo hace, o mejor no, joder, no se puede sonreír mejor que tú. Pero quiero ahogarme en el mar, y conocer cada una de las cosas que te hacen feliz, pero no quiero ahogarte. Que yo estoy dispuesto a que valga la pena, pero no quiero penas para ti y yo tengo antecedentes de tristeza.

Pero tú eliges tus tropezones, tus bailes, la arena que llevas dentro del sujetador y casi también me arriesgaría a decir que el modo en que se colocan las estrellas cuando besas.

Y eso, que tú eliges, que yo ya te elegí.

Las carreteras

Todas las carreteras que quiero atravesar pasan por tus piernas, por el peaje de tus caderas, por las noches sin dormir de tus ojeras, por el miedo a no querernos continuado, por el miedo a la rutina de los «te amo». Todas las vacaciones que necesito pasan por tu cuarto, por noches de tres lunas, acostados, por los días en que no somos separados. Pero igual nunca llegamos y siempre que te quiero tú quieres a otras manos, y siempre que me quieres yo ya no estoy esperando. Que la distancia es el amor menos los cuerpos pegados, que la distancia no son dos, sino uno y otro muy lejanos. Que todo lo que yo quiero de ti es un tú al lado. Que todo lo que no quiero de ti es extrañar lo que no nos damos.

Como dice el Flaco: «A veces el olvido se equivoca». Así que si te vas, no te vayas muy lejos; siempre hay tiempo para otra derrota.

Viaje a París

Me falta que me toque la lotería para llevarte a París en coche, aunque la lotería ya me tocó contigo y no suele tocar dos veces. Empecé escribiendo canciones sobre mí y acabé escribiendo sobre ti. Te hice caso en que las noches que recordamos no son las que dormimos, pero quiero decirte que las noches que recordamos son las que compartimos, y yo ya no las recuerdo. Me calaste tanto en tan poco que encontraste casi todas las piezas del puzle, y aun así nunca pude darte un concierto de sol, ni un concierto de mí. Nos poníamos de acuerdo en que no llegábamos, y tú me buscaste en otros labios y yo no te busqué. Hemos pasado madrugadas hablando de todo sin llegar a nada, teorías del caos de tu cuarto, monstruos dentro de tu armario que nunca te hacían dormir acompañada cuando yo falté, y tengo la mala costumbre de faltar casi siempre.

No he podido pasar por el peaje de tus caderas, ni hacer un verano en la carretera de tus piernas. Ahora ya nadie me dice «joder» como tú y ya nadie me hace pensar cuando quiero dormir. Y aun así una de las cosas que más me gustan de ti es cuando me quitas el sueño. ¿Quién me va a pedir que le cuente historias para no dormir? No lo sé. Pero, amor, yo ya no soy el caballero de la historia y a ti te queda poco de princesa.

Te quiero París, pero aquí en Coruña. La distancia no es amor, y ya no quiero idealizarte más, estoy harto de amores platónicos, y no de amor en el acto. Lloverás y no estaré debajo para mojarme, lloverás y otros te secarán.

Nunca soy yo el primero, y nunca lo seré, ni tú la única. No somos tan importantes en nuestras vidas como para que salga adelante este desastre. Te vas a ir, y ya nadie me va a enamorar con su voz en un bar, ya nunca más podrás insinuar que eres una chica mala, que te cortaron las alas… Ahora ya dices adiós.

Y al final nos seguiremos consolando pensando que los sueños son un remedio para los tiempos sin vernos.

Quédate

Mirarte de reojo cuando bailas con otro nunca fue un placer. Y sé que la tristeza, compartida con otros, se bebe bien. Las noches poco claras y las borrosas madrugas dejan de parecer castigos de palabras y miradas tan pesadas, solo esta vez.

Que dices que tu mundo nunca se ha parado, pero el mío anda a pasitos enanos. Y no me atrevo a pasar las páginas por si me corto la piel, ni dejar el libro a un lado por si me olvido de él. Tanto nos estudiamos que tu decías (a)pruébame. Y tanto nos esforzamos que acabamos sudando las ganas… de tenernos. Nos deshidratamos del querer. Decías que sabías de inviernos, pero siempre que te probaba sabías a verano y a tiempo que perder. Y yo, que siempre fui de perder el tiempo –contigo–, era un «a tu lado» sin resolver. Y yo, que siempre fui de darme a la pereza –de irme de tu lado–, solo podía darme sin querer.

Hubo un día en el que nos quisimos bien, y nos dejamos de querer, desorbitados. Tú sabes que las únicas orbitas que me gustaban eran las de tus ojos cuando decías espérame. Y yo, que te tomaba al pie de la letra, te esperaba, pero nunca te decía quédate. Te intentaba hacer reír para conquistarte, pero la única forma de conquistarte era haciéndote gritar. Así que pasamos de los besos en los labios a los mordiscos desenfadados, en vez de cogerte de la mano, cogerte en brazos, y rotarnos encima del eje del mal que empezaba en tu cuarto.

Estabas más guapa cuando decías que no lo estabas, y

estabas más *sexy* con toda esa ropa tirada por el suelo y tú diciendo: «Ya la recogeré». Y los domingos uno encima del otro… Echarme el mundo encima siempre se me dio bien, y tumbarte encima de todos los problemas supongo que era tu forma de decirte quédate.

Estabas más guapa cuando bailabas conmigo, ¿no lo ves?

Direcciones

«Si tú sonríes, yo no voy a volver a estar triste nunca más». Y sonrió.

No sé qué me pasa con las mujeres tristes, que me atrapan. Será el pensar que las puedo cambiar para que estén mejor. Pero siempre he estado equivocado en eso. Si ellas no fueran tristes, no me fijaría, no perdería miradas cuando ellas tienen la mirada perdida y no estaría siempre atento a sus pasos por si tropiezan con las mañanas que se hacen eternas. Si ella no fuera triste, yo no tendría que sonreír por los dos. Tendría menos abrazos para los días difíciles, esperaría a que saliera el sol para escuchar su voz. Yo no quiero cambiarle nada, porque me gustan sus síes y sus noes, sus «espérame» y sus «márchate», y sus «vuelve» cuando no estoy. Yo quiero verla siempre tan guapa como cuando tiene cara de cansada y está agobiada y le digo que puede con todo y respira y me mira estresada y me dice: «Con todo menos contigo, corazón». Y que siempre le digo que no pierda ni una sonrisa si no es porque yo se la he robado.

Siempre que baila parece que se va a caer. Por eso siempre intento estar cerca de ella, pero al final nunca se cae. Y es que cuanto más débiles parecemos más fuerzas de flaqueza tenemos, y ella es campeona mundial en sacar adelante imposibles y ojalás.

Ella dice que la gente no cambia, y yo le digo que no. Yo solo quiero que, si algo cambia, cambiemos en la misma dirección.

La señorita Verano

Supongo que sabéis lo que es que alguien sonría y empiece a hacer sol. Que aunque lloviera y helara, si ella se quitaba la chaqueta, hacía calor. Que tenía por bandera no pensar las cosas, solo pensar en las personas; que tenía un imperio en ruinas en sus botas del que yo fui emperador. Llevaba culo vaquero, y camisetas anchas porque lo único que le gustaba pegado al pecho era otra piel. Ella tenía tiempos para todos, y nunca supo elegir bien. Era de tardes que se hacían noches con mañanas de soñar de menos, de ser siempre un sábado constante para los que la conocemos.

Siempre fue tormenta de verano aunque fuera invierno. Y yo quería bochornos en su habitación y lluvia en su ducha, vergüenza en su albornoz e insolación de sus miradas. Su voz era como la corriente de aire que te da de frente cuando vas corriendo, que te deja sin respiración, pero te refresca. Y yo siempre tuve la cabeza ardiendo y ella siempre me supo apagar.

Siempre que se iba nunca era para siempre, pero nunca se volvía a quedar todo el rato. Aprendimos a amanecer juntos, aunque fueran ya las 3 de la tarde. Que con ella entendí que no empezaba el día cuando salía el sol, sino cuando ella se despertaba. Y yo siempre tuve noches en vela para verla, aunque fueran las 12 de la mañana. Todos los besos de buenas noches se convertían en besos de buenos días, y yo me convertía en un agosto en diciembre, y ella subía de dos en dos los escalones de la vida, y yo corría detrás de ella sin pensar en las cuestas ni en las heridas.

Ella tenía saliva para curarme de las sequías que dejan las sonrisas cuando se marchan. Ella es la señorita Verano y yo viví en uno de sus meses.

Moscas golpeándose

No voy a culparte de mis noches de mierda, de los naufragios de ideas, ni de quererte a medias. No voy a volver a enamorarme de ninguna chica sencilla, de las que prometen poco, pero duelen más. No voy a volver a creer en la suerte, ni en el final de una historia que nunca vivimos, ni en todos esos guiños a los que busqué una forma de malinterpretar. Basta ya. Noto que me está inundando los huesos la realidad. Supongo que hay cosas que hay que hacerlas sin pensar, y otras sin sentir, pero que preferiblemente no deben coincidir. Que estamos aquí para tener algo que recordar el último día, para trazar la historia, y en todo tejido quedan hilos sueltos, aunque no me atreva a reconocer que eres uno de ellos y que si tiro te desnudo y se cruzan los demás. Vendí las llamas de mis noches en vela por dos días de empaparme de tus sonrisas, y me las volviste a quitar. Al final somos moscas dándose golpes contra el mismo cristal…

Y lo único que seguimos queriendo es golpearnos más, porque no hay nada como que algo te impida hacer otra cosa para tener ganas de más, y yo de ganas contigo las tengo de todo: de bienvenidas y de despedidas, de gritos y de risas, de echarte de menos y echarte alguno más. Que yo no me encuentro bien sin ti, y tienes una espalda preciosa para perderme. Imagina que tienes todo lo que necesito en la sonrisa y que últimamente te necesito ¡ya! Llevo un par de besos pensando que no sé darte un beso de adiós, y eso que te lo prometo a menudo. Voy a empezar por incumplir esa promesa y a seguir tirando del hilo de la historia para ver si te desnudo y te conozco de verdad. Voy a ser tu noche eterna y tú la chica incombustible. Que si quieres historias complicadas, yo soy todo un rompecabezas, y te dejo a ti lo de rompecorazones, que yo elijo quién me parte a la mitad, y las dos partes quieren irse contigo.

Plazos cortos

«Cuando te mira, notas que toda su atención está centrada en ti». Y no te puede definir mejor, porque yo me fijo en cada detalle de ti y de alrededor, pero tú solo te fijas en mí. Y yo lo único que quiero es que no pares de cantarme bajito cuando estás encima, que nadie canta para mí como tú, que lo vuelvo a repetir, que si no estuvieras tú, nadie podría formar parte de mi desastre.

Yo no tengo nada a largo plazo que ofrecerte y tú solo quieres plazos cortitos seguidos, que seamos los ratos libres el uno para el otro y que me vuelvas a decir: «Te estoy diciendo que eres mejor que dormir, y es lo mejor que te diré en mi vida».

Yo siempre voy adonde me echan de menos, y siempre me voy contigo, e intento no irme nunca sin ti. Intento que no se acabe nunca el principio y darle la vuelta a todo lo que me quieras decir. Estoy seguro de que la distancia no se mide en kilómetros, porque unas veces tienes a alguien cerca y lo sientes lejos y otras a alguien muy lejos y lo sientes al lado. Y tú, estés donde estés, me tienes pegado, mandándote fotos de lo que está pasando en Coruña, que esta ciudad no es la misma si no estás aquí. Para cada persona tenemos una canción, y yo tengo mi canción nocturna preferida para ti.

Siempre quiero verte, pero no siempre sé cómo decírtelo, que quiero estar solo contigo. Y yo ya no quiero darte medias noches, pero tampoco vidas enteras. Voy a quererte, a poquitos, mucho, e ir cada día los dos solos, juntos, a por el siguiente.

Sin prisas

«No vuelvas a decir que te vas si quieres quedarte», me escribió de madrugada, aunque ella sabía de sobra que yo nunca me quiero ir si no es con ella y que todos mis amagos suicidas de salir por la ventana son para que vea que por ella sé saltar.

Cuando le hablo de todas las chicas que no quieren que les escriba porque nunca quisieron ser eternas, le jode, porque se pone ridículamente celosa, y me saca las sonrisas. No puedo querer a nadie eterno, solo a las personas que se encargan de que no las esperes, y desde que ella está aquí, aunque no lo crea, no tengo que esperar por nadie. Aunque tengamos problemas de tiempo, que no de tempo, no hay nada que no podamos hacer mejor juntos. Hasta nos bloqueamos los días grises y coincidimos en los días en los que no queremos a nadie y no queremos que nos quieran.

Yo lo tuve siempre todo planeado, desde la primera vez que la vi bailar. Cuando ves a alguien girar y que te gira los ojos, no lo puedes dudar. Y lo mejor que ha hecho por mí es enseñarme a no pensar. Entonces pienso en ella, y entonces pienso en mí. Y me da ventaja en nuestra guerra particular y me avisa diciendo: «Me apetece bastante darte un beso», para que me prepare para la sacudida y para intentar que el corazón no me suba directo a los labios.

«Nos necesitamos sin prisas de una puta vez». Y no lo podía escribir mejor. Después del «yo tan sola y tú tan tonto», creo que le debo una noche o dos.

Literatura

Empezamos mal y ojalá que acabemos peor porque eso significaría que vivimos algo real, aunque nos guste jugar a que sabemos todo de nada, a que sabemos nada de nosotros, a que tenemos todo que saber el uno del otro. No sé si sabes que, cada vez que estoy llegando a ti, empieza la guerra de mis nervios contra el invierno anual de mis adentros. Que me resisto a que asesines a mi soltería, y no es porque tengas falta de puntería, que cada mirada que me echas va directa al corazón, es porque se me da fatal ser yo mismo con público delante. Pero tú supongo que ya no estás entre bastidores, ni eres espectadora de esta tragedia que no quiero dejar a medias. Te lo mereces todo, y debe ser verdad, porque es lo que pienso siempre borracho. Todos mis golpes de suerte que sean los golpes que me das contra el colchón, que aunque siga siendo gato la curiosidad por ti no me mató, pero me muero de ganas, me matas de ganas, nos morimos si nos ganamos hoy. No sé cómo vas a quererme todos los días si hay días que no me quiero ni yo. Le das la vuelta a quién es literatura y quién es el escritor. Supongo que tú sabes escribir mejor de nosotros dos.

Sueles ser tan incierto que, cuando te lanzas decidido a por mí, haciendo que tenga que retroceder un poco, ni siquiera me importa qué pared pueda haber detrás. Tanto que, al mirarme desde el principio de mis piernas, solo mi cuerpo parece una distancia insalvable hasta el tuyo. Y además de que me comas, quiero que estés en todos los puntos a la vez. Morir es un verbo bastante flojo cuando me miras en horizontal, tan juntos que ni te puedo enfocar. Cuando me das el calor para fundir en mis oídos todas las cosas que empiezo a querer creer, como creer que te quiero, como empezar a crear el quererte. Nunca hubiese creído que un «solo contigo» pudiese sonar tan bien. Y eso que solo estoy hablando de acústica. Yo quiero ser eléctrica por y para ti. Aunque seamos lo contrario a dos personas corrientes. Lo de alternos lo cumplimos y lo de alterarnos también y tu variabilidad me está manteniendo viva. No quiero tener que volver a repetirte que eres la parte sonriente de mis días, ni que quiero estar en las cosas normales de tu vida, porque me conociste siendo más fría. Solo espero que los lunes empiecen a estar a favor, y míranos, que acabamos escribiéndonos verdades después de las cartas de amor.

No te alejes de mi lado

Apagó la luz y me susurró:
—No te alejes de mi lado.
Íbamos a cualquier dirección, escapando de todo adiós que quisiera alcanzarnos, corriéndonos a contratiempos y haciendo del caos nuestro lugar a salvo.
—Llévame a todos los bares en los que haya ron y bailes, que somos todos los pasos mal dados que damos, que somos todo lo que dimos cuando no pedimos nada a cambio.
Y la llevé a todos los lugares en los que éramos únicamente dos más juntos. Y nos apretamos porque, aunque no sepa bailar, sé cogerla de las manos y moverme hacia los lados y cada vez que mueve las caderas mueve mi mundo, ¿y no lo veis?, que cada golpe suyo de melena es un huracán. Y yo, que siempre me gustaron las tempestades, me cuelgo del último susurro que regala cuando ya no puede más. Me cuelgo de todos sus intentos suicidas de que no sea uno más.
Teníamos tantos principios que engañamos al final, y para hacer las cosas de verdad solo hay que ponerle ganas, y de eso vamos sobrados. Aunque nunca sepamos cuándo es el momento para algo, nosotros juntos somos el momento exacto.
Y no voy a dejar de soñar contigo por dormir a tu lado.

Lunes complicados

No sé qué coño escribirte que nos salve el día, que nos salve de ti y de mí, que nos salve de cada una de nuestras manías de no decir que sí. No quiero más «ojalá te encontrase hoy», quiero encontrarte, porque tú entras en todos mis planes, sobre todo en los que saben a desastre. Dices que hay lunes complicados, pero ningún lunes es más complicado que tú, ningún enero es más frío que tú, ninguna ciclogénesis es más explosiva que tú, y ningún verano más caliente. Me encanta cuando eres tú, y me da igual lo que seas. Aunque seas boba.

Estamos midiendo demasiadas distancias distintas en vez de hacerlas añicos, en vez de hacérnos(lo) al mismo ritmo, en vez de contar las veces que no estamos y empezar a contar las que estamos juntos. Esto de escribirte de madrugada, que estés aquí y que no estés, ya empieza a catalogarse de putada. Te dejo siempre un hueco a mi lado para ti en la cama, te dejo todas las ventanas abiertas para que vengas y luego te vayas sin que me dé cuenta.

Vamos a acabar mezclando: matando de amor y escribiendo de guerra. Vamos a acabar mezclando el amor de verdad y el de mentira, a ver quién nos dice después cuál es cuál. Seguramente nos queremos de mentira mucho más de lo que nadie se quiso de verdad.

Solo escribo esto para que me digas eso de «para de decir que no sabes si luego me salvas igual».

Todas mis razones

Ella era una de esas chicas con las que nunca supe tratar. Una de esas a las que había que echarle valor para elegirla, y un siglo para atreverse. Cuando me miraba como por casualidad, sabía hacerme saber solo a mí que en realidad era causalidad, y yo quería que ella fuese todas las demás consecuencias de mi vida. Cualquier excusa era un billete para oír su voz. Era tan inmensa que anulaba constantemente mi retrovisor, y ella se convertía en todas mis lunas delanteras. Era ir a 170 por carreteras secundarias, y sabía darse cuenta, sin apenas resignación, en el segundo exacto, de que el momento había pasado, que me tocaría volver a complicarme los planes para tenerla a mi lado. Hablo de ese momento en el que sabes que todo cambia, que todo empieza, y que vas a tener que darlo todo para que en el siguiente paso no se caiga, y para que se apoye en ti las veces que le haga falta. Hablo de ese momento en el que dejas de creer que todo tiene necesariamente que acabar, y empiezas a no pensar en nada más.

Y siempre preferí que no pensáramos en nada juntos y, aunque mi cama solo era mía, ella se la apropiaba y no tenía ni idea de cuál era mi lado, solo sabía que era al lado del suyo. Y así no fue más fácil caminar, fue más fácil correr, porque ella era todas las fronteras que nunca quería cruzar del todo por miedo a no volver atrás, pero que quería llegar a ellas. Tenía una sonrisa de esas que te enamoran hasta cuando no la saca y, joder, nunca vi a nadie enfadarse estando tan guapa. Teníamos todo el tiempo que hiciera falta para que no nos hiciéramos falta el uno al otro.

Ella era todas las razones, y todas las veces que perdía la razón.

Nadie para nadie

Ya nadie está para nadie, y naufragamos en resacas de ideales vacíos, en vasos medio rotos, dejando la estela de todos los pasos que dimos, que son las consecuencias de las causas que pasan cuando abres y cierras los ojos. Y yo solo quiero actos in y voluntarios, centrados en nosotros, y que ardamos como si fuéramos todas las brasas de todos los amores que pasamos. Y que nunca más tengamos frío ninguno de los dos, y menos juntos.

No vamos a caer en eso de decir que no vamos a caer en la tentación, porque no paramos de tentarnos, y los errores se repiten, y cada vez lo hacemos mejor y con más gracia. Y quiero volver a las madrugadas en que hacías tonterías y yo te decía que no eras nada graciosa. Y te enfadabas, y caían todas esas risas que guardaba para cuando no quisieras sacarlas. Sácame de encima todas esas noches que me sobran en las que tú no estabas debajo, ni al lado.

Yo estoy para ti, para cuando los lunes, los martes y los domingos no nos quieran dejar vivos, porque yo soy el único que puede acabar contigo, y ojalá que tú solo acabes conmigo.

Y acabemos juntos todas esas noches que empezamos separados.

Aunque tú no lo sepas

Aunque tú no lo sepas, yo te quiero muchas más veces de las que me quieres tú. Que pienso en ti mientras vuelvo a casa borracho, intentando solucionar el quebradero de cabeza de la rutina, intentando hacer desaparecer todos los espacios y los lapsus de tiempo entre los dos. Intentando borrar todos los paréntesis que ponemos entre que me voy y vuelvo a llegar. No tengo ni idea de qué es esto, pero algo en lo que tú participas no puede no ser hermoso.

No hay más que nosotros intentando sobrevivir a una guerra de sonrisas, y es que si me vuelves a sonreír, me dejo convencer de cualquier cosa. Te prometo que me quedo hasta que tú quieras o hasta que tú dejes de querer, hasta que nos llegue la hora maldita anterior a la nostalgia y te eche de menos por estar a mi lado y no por no estarlo, hasta que todos los amaneceres dejen de pedirme que te quedes y que haga lo imposible porque te despiertes conmigo, para que haga lo imposible por la chica que no deja a ningún imposible vivo, para ser el único desastre de la chica de los desastres.

Aunque tú no lo sepas, estoy dispuesto a que no embargue a la pasión la rutina, a dejarnos de mentiras y de preámbulos y empezar a comerte más y no jugar tanto con la comida.

Y nada, solo quería decirte que aunque tú ya lo sepas…, que te echo de menos.

No quiero preocuparte, pero te quiero

Yo también creí que no me iba a pasar a mí. Así empiezan todas las historias que pasan cuando nunca pasa nada. Porque creo que los principios necesitan una estabilidad fuera de lo normal para desestabilizar el mundo, el tuyo, el mío, el que quieras. A veces vienen precedidos por tiempos que son más que malos, pero menos que peores. Así que decidí salirme, meterme en la tormenta y esperar fuera mientras cae el chaparrón. Y cuando ya ni me daba cuenta de que había dejado de llover, entraron a escena tus ojos, que llevan más caos dentro que lo que hay alrededor del ojo de la tormenta.

Y así nos conocíamos del todo sin conocernos de nada, nos sonamos mejor que nuestra canción favorita y éramos dos mundos distintos descubriendo un nuevo mundo en común. Y me encantaba la forma que tenías de decir cuando no estabas tan guapa, de recordarme que lo mejor que sé hacer es el tonto, y que todo lo que escribo es pasado y que las heridas que escribo en papel son tu parte favorita de mí. Tenías esa forma de decirme «no quiero preocuparte, pero...» antes de preocuparme, antes de compartir penas y culpas a medias, descuidos de miradas a tu culo y esos «no entiendo nada» cuando estás apunto de entenderlo todo.

No sé si ha pasado mucho tiempo o poco tiempo y no quiero preocuparte, pero te quiero.

Empezando

—No estás acabado, solo estás empezando otra vez.

Eso me dices cuando estoy desafinado, cuando ya no sé hilar las cicatrices con palabras cuando hacen daño, cuando hay más inviernos que veranos, cuando nos vemos menos de lo que nos necesitamos. Hay tiempos para estar solos y acompañados, y estos últimos no los encuentro por ningún lado. Dice Frusciante: «¿Por qué no hay nadie en mi vida?». Y yo se lo copio. No hay nadie en mi vida porque, cuando algo me empieza a importar, me echo a un lado, y desdibujo todos los trazos de un futuro acompañado, y ya no sé lo que quiero, solo sé que a veces te quiero al lado, otras encima y otras debajo. Pero al final te tengo dentro, y sí, me tienes calado, y yo a ti, amor, te tengo clavada. Me cuesta el amor en general, y mucho más darme cuenta de que lo he encontrado. Ojalá tuviera tiempo para cambiar el destino esta noche, y verte a ti soñando a mi lado. Pero me cuesta tanto dormirme que saldré a beber demasiado y a echar de menos todas esas cosas que no me están pasando y que me pasaron. Tengo la sensación de que nada sale a mi manera.

Supongo que estoy empezando y aún no he acabado contigo.

Miedos

Tengo más miedo a volar que a caer porque conozco las caídas y los golpes, pero no distingo cuándo todo va bien. Me boicoteo para no salir de mi zona de confort, para no ver lo que hay más allá, por miedo a que sea peor, y me quedo con las dudas. Me quedo con la tristeza de las palabras en la lengua, el olvido de los besos en la boca, el tiempo contigo, que es conmigo, el tiempo sin ti, que no es lo mismo.

Me acuerdo de cuando aún te desvestía cantando a Sabina y amanecía por ti. Siempre fuiste toda la alegría de quien te quería y te quise tanto por fin. Aprendí que estar y ser no son cosas parecidas. Mientras te miraba dormida, supe lo que era no querer estar en ningún otro lugar. Y ahora volar no es cosa mía, estoy lleno de heridas de las que se curan cuando estás. Estoy aficionado a las caídas, a esperar al amor en doble fila, a las multas del exceso de risas.

El mundo era más fácil cuando tú me sonreías.

Perdernos

No me atrevo a pensar que quizás sí que es verdad eso de que tenemos miedo todo el rato, pero que somos lo que somos cuando tenemos miedo y cuando lo afrontamos. La magia no la vamos a encontrar en nuestra zona de confort. Si no nos arriesgamos, no vamos a poder conocer a personas geniales, lugares inalcanzables, ni superar metas imposibles. Todo está más allá, así que qué cojones hago estando yo aquí y tú allí. La verdad es que creo que estamos siempre tan cerca de lograr lo que queremos que hay veces que no lo vemos. Hay demasiadas curvas, demasiadas indirectas y demasiadas veces que no perdemos la cabeza.

Quiero evitar estas ganas de complicarme la vida con cualquier cosa y que me la compliques tú. Cuando una persona nos importa, nos importa todo el rato, y siempre lo utilizamos como excusa para fomentar nuestra tendencia a la melancolía, nuestras ganas de tristeza, que necesitan derrotas con las que poderse alimentar. Nosotros somos lo peor para nosotros mismos al final.

Vamos a dejar de perder de una vez, y vamos a perdernos juntos.

No me arrepiento

No me arrepiento de nada, porque si no hubiera hecho todo lo que hice, no sería quien soy. Si no me hubiera caído por todos esos escalones de relaciones fracasadas, no me hubieras podido levantar tú. Si no hubiera enfermado nunca de invierno, no habría llegado nadie que me curara con primaveras y que hiciera largos los veranos. No me arrepiento de lo que pasó porque no estoy dispuesto a intentar arreglar el pasado para que se me pueda romper el presente. Porque lo que está roto está roto todo el rato.

No me arrepiento de no haber llegado todas esas veces que me quedé por el camino, no todo sale siempre bien, pero eso no significa que salga mal. Hay mil maneras de llegar, hay mil maneras de empezar, otras tantas de acabar, y lo único que importa es que lo hagas a tu manera, que seas tú quien vive.

No me arrepiento de nada, porque todo hizo que llegara hasta ti.

Todos los problemas que eres

Tenemos una falta de futuro que no nos preocupa nada, tenemos tiempo de sobra desperdiciándose en las tardes de junio, tenemos un montón de gente al lado que nos quiere tener debajo, tenemos al lado a tan pocas personas que queremos tener encima… Y aún nos quedó claro que todo tiene tantos finales como principios queramos tener. No nos quedó claro que todo se vive una vez y nunca igual, y nunca más juntos.

Así que a qué esperas para llenarme de primaveras, para dejar de entrarme por los ojos y hacerlo de una vez en el corazón, para dejar de lado todas esas cosas que ya no te llenan, para que nadie más deje de vaciarte el interior. A mí me vale con hacer vida en un colchón, porque las posibilidades en una cama son limitadas o infinitas, todo depende de cómo lo mires, pero si quieres, tú dime adonde quieras, que yo voy.

Y deja ya de intentar solucionarte, los problemas como tú no tienen solución, y yo quiero todos los problemas que eres.

La mejor idea

Voy a seguir las flores que caigan de tu pelo durante todo este verano porque tú no eres el mensaje, tú eres la idea. Voy a explicarme, tú eres lo que tiene más valor en este mundo, lo que nadie sabe cómo llega, pero nadie quiere dejar que se vaya. Eres el cambio que nadie te pide que hagas, eres el beso de justo llegar a casa. Eres todas las olas que no me hunden y que me hacen salir a flote, el viento que me empuja y no me tira, el sol que me broncea y no me quema. Eres el abrazo que salva y que no ahoga, la palmada que me hace tirar hacia delante y no me duele, la mirada que me hace querer quedarme a vivir en tus ojos.

Tú eres lo que transforma un día de mierda en el mejor día. Tú haces que yo sea más yo, y no tan yo, aunque no me explique. Eres el lado bueno que quiero tener siempre, la sonrisa que me hace respirar más fuerte, la compañía que mata mis ganas de estar solo.

Eres la mejor idea de todas porque no sé cómo llegaste, pero no quiero que te vayas.

Lo importante fue conocer la luna

Lo importante fue conocer a la luna, saber de sus miedos, de sus buenas intenciones y de las malas, de lo guapa que está cuando le da el sol en su lado oscuro. Acompañarla cuando quiere dar todas esas vueltas al mundo, entenderla y quererla más cuando no la entiendo. Lo importante fue conocer a la luna para saber cómo besarla, para quererla también después de tocarla, para hacerle el amor en todas las teorías que ella quiera practicar. Tenerla siempre como lugar de vuelta a casa para no echarla tanto de menos por el día, después de quererla toda la noche.

Y la luna ayer estaba durmiendo en mi cama, y sí, mejor dejarla donde estaba.

Pedir

Buscaba en Orión un cinturón desabrochado que tuviera ganas de temblar, tus manos repletas de ganas, que no querían parar. Y libre era tu forma de vida, mi forma de estar. Tú querías a alguien especial, y yo no podía dejarte marchar. No te puedo pedir que te quedes, pero ojalá que no te marches nunca más. No te puedo pedir que me beses, pero ojalá que no beses a ninguno más.

Mirabas pasados con otros que ya habían pasado, no tenías mucho tiempo y no parabas de pensar. Dices que ya no te duelen, pero te matan por dentro. Querías abrazos pegados, estrellas de ron, querías tenerme a tu lado y pedirme perdón por habernos pasado de largo la salida del corazón. Yo ya no tenía ganas de no decir que no.

No te puedo pedir que me esperes, pero yo sí que te voy a esperar.

Te lo voy a poner fácil

Te lo voy a poner fácil: esto, si quieres, lo arreglamos a bocados. Dejamos que suba la marea de una puta vez a tu pelo y, como en la canción de Pablo Moro, tiramos nuestra ropa por el suelo, en cualquier lado, también para no poner muy alto el listón del deseo. Y acabamos con las tonterías por lo sano. Si a ti te da igual mañana y a mí no me importa mucho hoy, vamos a dejar que sea, a dejarnos llevar por todas las corrientes que nos malean, que nos acercan, pero nunca nos atrapan, por todas esas ganas que no se convierten en miedo, por todos esos miedos que se convierten en ganas.

Te prometo que no te va a costar tanto olvidarme como lo que nos ha costado encontrarnos. Porque los dos tenemos el boleto de los besos premiados y no lo hemos cobrado, y me los debes, y te los debo, y si no se deben dejar las cosas a medias, imagínate a las personas.

No quiero que vuelva a pasar el tiempo y arrepentirme de lo que nos hemos hecho.

Amor complicado, como tú

Hoy escuchaba «Más de un 36», de Andrés, e igual no eres la del vestido de flores, pero sí la de la sonrisa. Y no sé cómo no ponerme nervioso cada vez que me miras, cada vez que me sonríes y te giras, cada vez que te vas sin despedidas. No sé cómo, entre lanzarnos y dejar de cruzarnos tanto, sin confiar en el azar o en el destino. No sé cómo plantearte que solo quiero tus besos para hacer más llevaderos los días en que acabo muerto. Que quiero curarte las resacas cada domingo aunque el sábado no hayas bebido nada.

Es jodido porque ni siquiera me imagino contigo, pero no quiero tenerte lejos. Porque aunque seas feliz, siempre quiero saber de los segundos en que dudas si lo eres, porque quiero que me traigas de cabeza, porque la pierdo por ti. Porque no hay amor bueno sencillo.

Yo solo quiero un amor complicado, como tú.

Si pudiera

Si pudiera cuidarte, no te prometo que no te volverías a poner enferma, pero sí que ya no te daría tanta rabia estarlo. Tendrías vueltas a casa en que lo peor sería cuando llegaras, justo antes de que me dijeras que subiera un rato para quedarme media vida. Te daría menos miedo lo que hacer mañana porque creo que, aunque seas un hoy perfecto, tienes la virtud de mejorar sin cambiar nada. Daría tiempo a todo lo que quisieras hacer, te daría 10 minutos siempre que me pidieras 5, te esperaría 10 minutos cuando me dijeras que llegas ya, y no tendría malas caras, porque me dijiste que estabas llegando, y yo soy feliz si llegas, y si es conmigo, mejor.

Si pudiera decirte que para mí eres invencible, que estudiar, trabajar y salir de fiesta no es fácil, que estaría para dormir contigo todas las noches en las que te quedas dormida encima de los libros, que estaría para compartir contigo las cenas y el ron cuando acabas de trabajar y aún tienes ganas de bailar más que nadie. Que yo me quedo contigo porque si es contigo todo es mejor.

Si pudiera, no volverías a creer que no puedes.

Te mereces

Yo podría acostarme contigo si tú quisieras, pero al acabar nos sentiríamos dos completos gilipollas, un poco más vacíos y con una distancia entre los dos más grande que antes de habernos conocido. Yo podría disfrutar contigo cuanto quisieras, podría acostumbrarme a noches en vela entre tus piernas, podría ver todas las películas malas que te apetecieran, pero no pensaría en ti antes de quedarme dormido, soñaría con otras durmiendo contigo, me imaginaría futuros con chicas que todavía no he conocido.

Yo te quiero y te doy todo el cariño, pero no son los mimos que daría a alguien por quien vivo. Yo intentaría que no estuvieras triste nunca. Yo te cuidaría todas las veces que estuvieras enferma y todas las que no pero que tú dijeras que sí lo estás. Pero siempre tendría ganas de escapar, de salir por la ventana aunque me quedase ahí a tu lado. Siempre tendría ganas de no regresar, aunque regresara cada vez que me llamas, porque me acostumbraría a ti, a tenerte entre mis brazos, y hasta casi dudaría de que pudiera ser amor de verdad, pero la duda duraría solo hasta el siguiente abrazo.

Yo podría quererte de mentira mucho más de lo que muchos te quisieron de verdad, pero no te lo mereces, te mereces que te quieran con todas las consecuencias, pase lo que pase, dure lo que dure, pero todo el tiempo, y que sea real.

Voy a estar para ti

No estás más perdida por no saber dónde ir, sino por no saber dónde estás, y te lo voy a decir. Estás aquí, en este momento, y ya no tienes nada atrás que pese, y tienes el mundo por delante. No saber dónde ir solo significa que puedes ir donde quieras, hacer lo que quieras, vivir lo que quieras. Porque todo lo decides tú. Y todos los problemas que surjan vamos a hacerlos pequeñitos y a ocuparnos de los que podamos, porque lo que no podemos solucionar no es un problema. Y si necesitas tiempo, siempre tienes el que quieras, yo voy a estar aquí en los malos y en los buenos momentos, y no voy a dejar que te coja más el frío, que el frío por las noches es muy malo y no quiero nada malo para ti. Yo voy a encontrarte cuando no sepas dónde estás. Voy a estar para ti.

Eternamente

Hueles a vainilla, chica que puede con todo, a libros sin leer, y a canciones por escribir. Yo no quería que estuvieras triste, y tú… imagino que no querías dormir. No querías estar, y menos, sola. Tengo en la mente bienvenidas atropelladas, puertas abiertas, luces que se encienden y se apagan, y la inexistencia de ventanas para entrar y salir cuando no nos quede nada. No sé si era el ron que me hacía más interesante, o que tú eres todo lo que necesita una copa para estar llena, pero las horas vuelan y tú con ellas.

Yo ni quería ser uno más ni el único, ni el que usas para olvidar ni el que no quieres recordar. Yo no quería ser. Yo solo quería estar contigo, que no pensáramos de más, que no habláramos de los demás. Nosotros y 20 canciones, y te las sabías todas. Y cada palabra que decíamos cada uno parecía una promesa que se iba a incumplir mañana, y yo no quería irme, y tú tienes una sonrisa que es un «quédate», y ojalá que no me lo haya imaginado, y también una mirada de «no te marches». Y te quedaste dormida, y yo a tú lado, y nunca había tenido más suerte.

Y sí, «All I Want» en directo es eternamente dura y bonita, como tú.

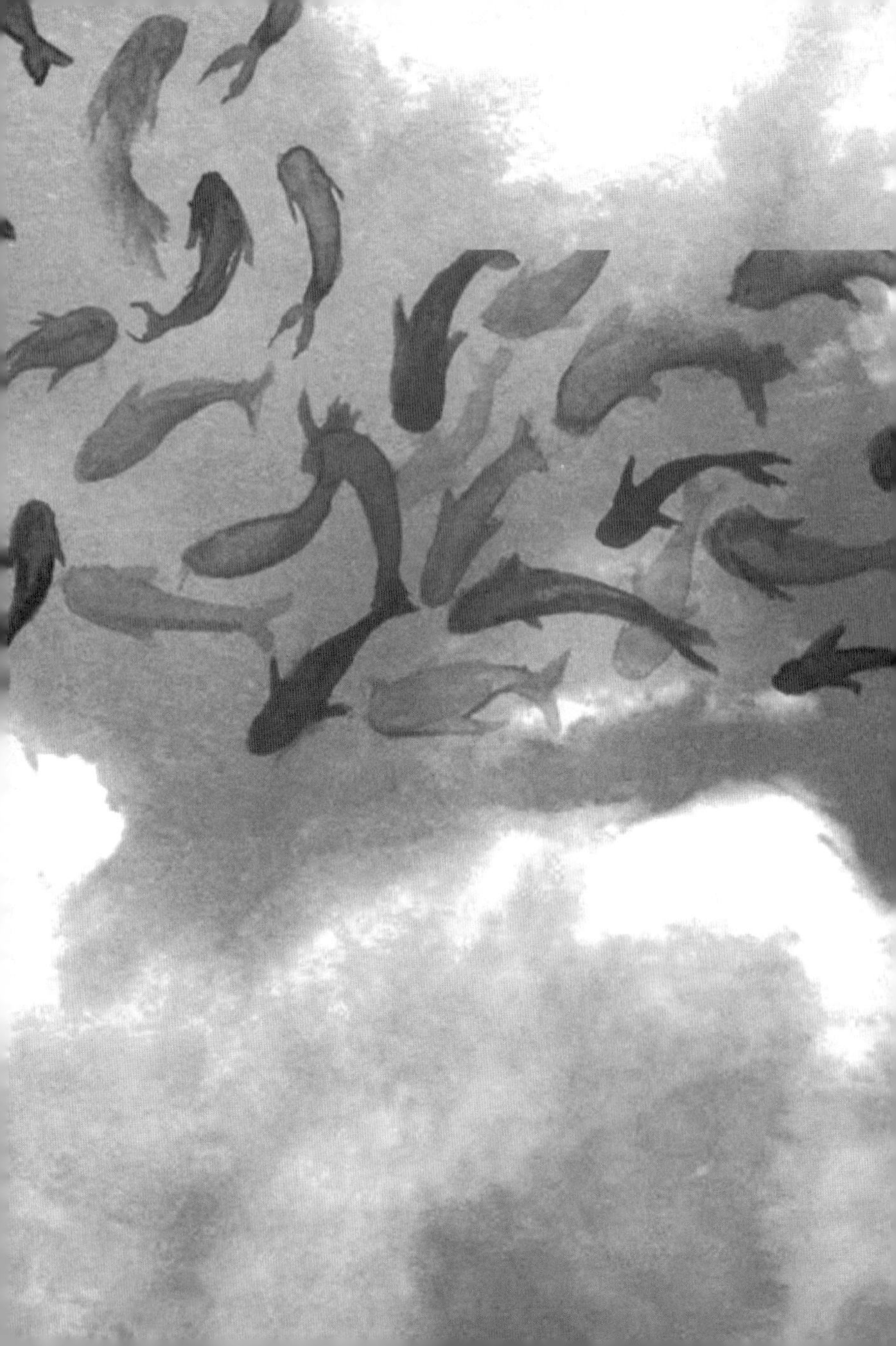

PARTE 3:
Naufragios

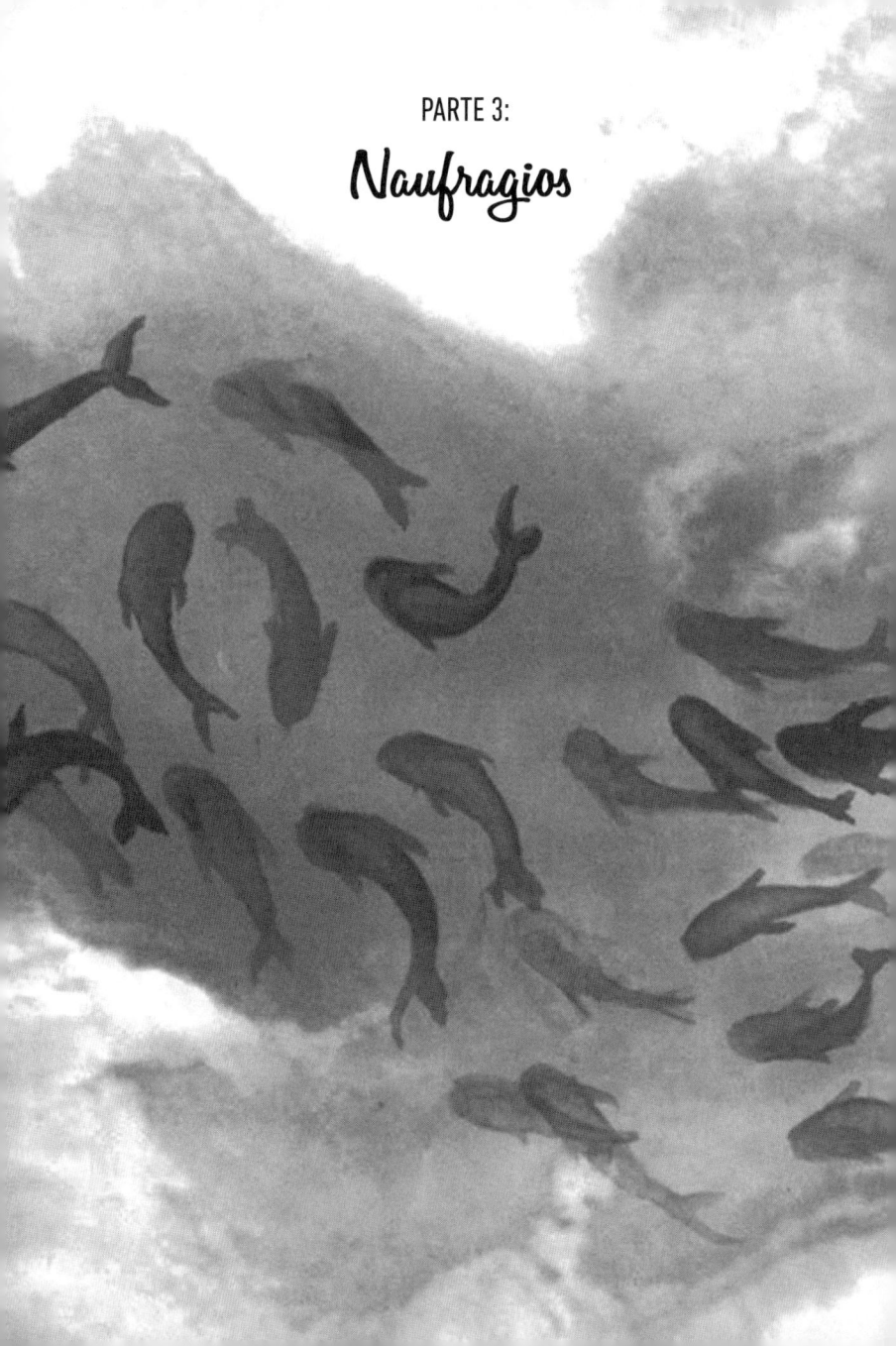

Carta de errores

Al final, después de los finales, me refiero a los de verdad, a los de no volver a vernos, siempre me acuerdo de la chica de los ojos tristes, de la morena de los mundos imposibles, de los labios que extraño sin haberlos rozado.

Sí, claro que me quisieron antes y después que ella, y claro que las quise antes y después que tú, pero fui un gilipollas, y todas las decisiones malas que podría haber tomado, las tomé, todo el mal amor que tuve se lo dejé, todos los buenos tiempos que vinieron después, a ella se lo deben.

Y tal vez le pedí perdón, pero no me acuerdo y dudo que ella se acuerde. Cuando yo la quise, ella no quería ni verme, y cuando ella me quiso, nunca creí que fuera una proposición en firme. Seguramente la habrán querido mejor que yo, porque no es difícil. Habrá sido feliz con otros principios totalmente diferentes al nuestro, también habrá sido infeliz con otros finales distintos de los que yo le podría haber ofrecido. Sé que conoció playas y otras arenas diferentes de las que yo le prometí, días de verano, de coches, de no soltarnos, siempre sin mí. Está claro que se va a convertir, si no se convirtió ya, en ese amor de adolescentes que dejan cuentas pendientes, que dejan huellas cada vez que sin querer toca verte, cada vez que me cruzo contigo y pienso que aún eres esa chica de los ojos verdes. Pero nunca lo eres.

Ojalá hubiera sido alguna vez alguno de esos libros que te encantaba hojear, que odiabas acabar. Solo seré conversaciones de madrugada y tal vez recordaremos alguna quedada, el calor del verano en Coruña que irradiabas en la mirada, el océano Atlántico en tus manos cuando el mundo te asfixiaba, todos los futuros que me imaginaba cuando sonriendo llegabas.

Si hubiéramos sido más valientes, ahora dormiríamos pegados y compartiríamos algo más que el tiempo que pasamos. Si hubiera sido más valiente, no te habría soltado cada vez que nos apartamos. Si no me hubiera equivocado tantas veces contigo, no habría acertado con otros labios.

Desastres

Todas las relaciones están hechas de otros desastres, como cuando se forman los satélites con estrellas fugaces que impactan. Estamos hechos de desastres. De relaciones condenadas a ninguna parte, de dos que se rompen porque uno quiere salvarse. Somos los fracasos que nos hacen, modelos de derrotas esculpidos con las ganas de estrellarse. Está en nuestra naturaleza, después de la colisión, aprender a volver a juntarnos, ya más grandes, con más agujeros y girando sobre nosotros mismos para tirar hacia delante.

Que todos somos de hielo cuando tenemos espacio y todos somos fuego cuando hay que quemarse, que no sabemos cuántos tropiezos son un acierto hasta que acertamos. Que muchas veces nos desintegramos cuando empezamos a acercarnos.

Estamos hechos de todas las cosas que nos pasaron, y somos unos desastres.

Cascarón de nuez

Comunicamos desalojo de nuestro cascarón de nuez porque no cabía nadie más abordo. No se puede mantener a flote ni de aguas ni de aire una nave de dos en la que vamos dos más todos los otros: los fantasmas de los besos que nos dieron antes de conocernos y las fantasmas que dices que me miran. No nos podemos mantener a flote si uno tira hacia arriba y el otro tira hacia abajo y hay que ir hacia los lados.

Sabes, mi vida, yo siempre escojo las malas alternativas y tú eres la peor. De esto que piensas: «De esta chica no voy a salir con vida», y te arriesgas, porque no intentarlo no es una vía. Ojalá pudiera decir que fuiste la peor de mis pesadillas, pero es que fuiste la mejor, fuiste el monstruo más hermoso debajo de mi cama y encima. Empotramos los armarios para que no hubiera salida, cerramos sus puertas. Desde Narnia entra mucha corriente y casi nunca estabas vestida. Aunque nos duela reconocerlo ahora, éramos dos insoportables que se querían.

Nos matamos, como se matan las cosas que se olvidan. Nosotros no caímos en la rutina, nosotros nos tiramos de cabeza, firmamos testamentos de partida y nos repartimos los pedazos de una vida. Si no te hubiera dejado de querer a ti, no hubiera querido a la siguiente. Supongo, cielo, que me trajiste esa calma que viene después de un accidente. Ya solo tengo pesadillas cuando sueño que vienes, y sabes que te tengo reservado para ello cada noche de viernes.

Los puntos que quieras

Cuando dos ojos que no se podían dejar de mirar empiezan a hacerlo, se dan cuenta poco a poco de que hay otros ojos, hay más tierra aparte de esa isla, y hay más sitios a donde mirar, y se empiezan a desviar las miradas, y también a perderse, y ya nada es como cuando estaban esos ojos solos. Y empiezan los reproches a ser costumbre por las noches y la adrenalina de vernos encima se gasta en gritos, pero no de los que nos gustarían. Empezamos a estar más a gusto durmiendo solos que en compañía, y empezamos a vestirnos más veces de las que nuestras manos nos desvestían. Y ya prefieren leer tus ojos una revista antes que leer los «te quiero» que no decía. Y los míos prefieren leer otros libros que no acaben en «antes te quería». Y nos conformaremos con pensar que para que algo fuera bonito tenía que acabar en tragedia, que para que algo dejara huella tenía que acabar, y da igual todos los puntos que le quieras poner detrás. Cuando unos ojos se dejan de mirar, ya nunca se van a volver a encontrar.

Terminales

No supimos enfrentarnos a las estaciones y las terminales de aeropuerto nos terminaron. Aprendimos a decir «nos vamos» antes de «ya hemos llegado». Supe lo que era una ciudad sin ti mucho antes de saber lo que era una ciudad contigo, y supe de ti sin mí y supe de mí como tu abrigo. Yo quería demostrarte que las distancias las marcan los parpadeos, que te prometía ir a cuidarte en los días en los que estabas enferma de inviernos. A mí me daba completamente igual que estuvieras lejos, lejos para mí no es una medida de distancia, lejos para mí es una medida de tiempo, y tenía todo el tiempo del mundo para ir a curarte los febreros. Ni siquiera te pedía cien días para demostrarte todos los «quiero», con un día que durara dos noches no habría ya más «no puedo». Tú no querías razones, tú solo querías hechos y yo quería hacerte todas mis razones pegados en un colchón bajo techo. Que fuiste los futuros más reales que podría imaginarme al acostarme, que fuiste todas esas imágenes que aparecen cuando nos morimos de sueño. Llegamos a ser uno y medio antes de ser los dos tontos del cuento, antes de ser de esos enamorados que se muerden para no decir «te quiero».

Pero antes de que acabemos, te adjunto nuestros últimos versos: «Si nos dormimos en las noches de amores pegados, no habrá historias que contar, no habrá caricias que recorran tu espalda en un maratón de ventanas sin cerrar. No habrá suspiros que revelen secretos, ni espejos en los que no nos veamos tan mal juntando las siluetas con luz de madrugadas sin acabar».

Y ahora sí que seguiré tu consejo, que no siempre las historias empiezan con el primer beso, sino cuando dejamos de querernos lejos.

Desde que nos ignoramos al vernos

Desde que nos ignoramos al vernos, nos creemos que no nos vemos, y es mejor así porque me enamoré de ti conmigo y odio a la tú sin mí. Aquí las heridas se cicatrizan al sol para que queden marcas, si no, no se aprende nada, y de ti aprendí que, aunque nos equivoquemos, siempre tenemos que elegir. Que después de todo, antes de que fuera hoy por la mañana, tú sí que sabías mantenerme despierto y despertarme, que desde que duermo sin ti, duermo demasiado. Estaba de acuerdo con tu postura siempre y cuando fuera estar a mi lado en la cama, aunque tú querías discutir y te ponías encima, decías que las cosas desde arriba tienen otra perspectiva. Y yo siempre era esa cosa que antes y después de todo te hacía sonreír.

Te llevo muy dentro, tan dentro que ya no te encuentro, como las cosas que sabes donde las guardaste, pero cuando las necesitas ya no están allí. Que al final, amor, no necesitas a nadie para salir, pero sí para decirte que salgas, que fue difícil dejarnos para mañana, pero aunque sea 23 de junio, todas las noches de sábado se acaban. Y nosotros nos acabamos antes que las ganas.

Alguien tiene que seguir haciendo las cosas que siempre hicimos mal porque, aunque tú no estés, yo voy a estar igual.

El ciclo circular de estar esperando

El ciclo circular de estar esperando, de tus olvidos, de mis notas en los bolsillos, de los siglos que fuimos desconocidos. Antes de que tú me vieras la primera vez, yo ya sabía la cadencia hacia la derecha de tus pasos cortos, que después de cada 3 frases te colocabas el pelo detrás de la oreja izquierda, que cuando escuchabas a alguien de verdad mirabas fijo, entreabrías la boca y dejabas ver la parte de abajo de tus paletas.

Que no es prepotencia, es inseguridad a verte expuesta, a que te desnuden con la ropa puesta, a que sepan querer cada uno de tus defectos, a que te acompañen a todos los conciertos en los que sientes nervios.

La vez que tú me viste, yo me hice el despistado. Una buena impresión podría ser lo peor que nos podía haber pasado. Si hubiésemos visto que no éramos un reto el uno para el otro, no nos habríamos fijado, hubiéramos dejado el corazón en huelga de «te extraños». Nos empezamos a hacer incompatibles en cada paso, hasta que nos dimos cuenta de que la clave no era caminar pegados, sino caminar los dos hacia el mismo lado. Discutíamos para vernos desnudos y no para decirnos adiós, para entretenerte antes de salir y picarte para que te hicieras el cambio de vestido mil dos. Para verte arreglada cada noche y perfecta cada mañana. Para que no pusiera esa canción de Zahara si no estábamos tirados en la cama.

La última vez que nos vimos también me hice el despistado y tú ya lo habías superado. La cadencia de tus pasos bailaba con otro chico al lado. Ya no había discusiones, no había ni adiós ni nos vamos. No había canciones de Zahara en las que no nos recordáramos. No había canciones de despedida en las que no participáramos.

Los pies y sus "echo de menos"

Y dejamos las puertas abiertas,
y las sabanas en celo;
las uñas de los ojos afiladas
y los pies sin «te echo de menos».

Mi nariz con mono de tu olor
y tu boca sin mi sabor.
La espalda llena de puñales
que nos clavamos al dejar
de hacérnoslo.

Y dejamos al amor con techos de menos, donde nadie lo puede mirar cuando se hace. Volvimos fugitivo al sexo entre nosotros, y dimos salvoconducto a los polvos equivocados con otros. Nos deshicimos como aspirinas en el agua. Fuimos tan efervescentes que nos dejamos para luego. Hubo rencor, como se odian las cosas a las que les damos importancia, porque yo quería dormir a tu lado y tú querías despertarte conmigo cualquier día. Pero nos dejamos para luego, y nos quedamos con las ganas de un ahora. Me quedaron tus reproches como arañazos en la espalda, intentaste arrancarme los lunares uno a uno para que ninguna más los contara. Quise ser el último que te dejaba sin respiración, pero al final fui el primero que te devolvió el aliento.

Dejamos las puertas abiertas porque queríamos la libertad que no tiene la gente que se quiere. Porque la libertad para dos es la mitad de la libertad de uno, y que las sábanas son celosas cuando se trata de ser los únicos, pero, aunque pudiera, no aceptaba otro olor que no fuera el tuyo. Te quiero, a expensas de que sea mentira, y que me condenes con olvido. Lo siento, porque yo sí que lo siento, que nuestros pies se hayan quedado sin aquellos «te echo de menos».

Frío

Frío es dormir sin ti todas las noches que quiero dormir contigo. Que ya bajo desabrigado, que no me importa enfermar de invierno. Si no estás tú, ¿cómo voy a poder estar debajo?, ¿cómo voy a poder conciliar el sueño si no te rozo en cada espasmo, si no te oigo respirando al lado?. Yo no lo sé, dímelo tú si lo sabes. Sé que besé a la chica de la que todos escriben, o eso creo, porque cada palabra que leo es ella, cada canción es ella, cada mirada hacia atrás es para ella y esta valentía de no volverle a hablar también es ella. La fotografié en la cama, antes y después, conmigo y sin mí. Era modelo de ojos, de labios y de risa. Fue la cruel asesina de mi soltería. Empecé escribiéndola de tú y acabé haciéndolo de ella.

¿En quién piensas cuando no piensas en nada?

—¿En quién piensas cuando no piensas en nada?
Esperaba que me dijera:
—En ti.
 Pero se quedó callada. Y nos callamos demasiado, y nos dejamos de caer bien en la cama, y nos tropezamos, ya no solo con los miércoles, sino con los jueves y sábados, y los viernes tenían demasiadas erres. Nos descompasamos en los bailes y nos dejamos de pisar aposta. Yo quería llevarla subida a mis pies para que viera que caminar juntos, aunque costara, era más divertido. Yo la echo de menos ahora, y echo ron de más por eso de ver llenas las copas. No es por ser cabrón, pero prefería que el sol no saliera en su cuarto, quitarle al reloj las pilas para que no me echara de su lado. Es por eso que me gusta pensar que si dura hasta por la mañana, es amor. Y yo solo me iba de su habitación pasado el mediodía. Y así enlazamos mis medianoches con sus mediodías y el resto del tiempo medio pensábamos que estábamos medio hechos el uno para el otro, pero esas son las cosas que según ella nunca se decían, y yo nunca fui de hacer preguntas que no sabemos responder, pero hice una y no me di cuenta de que amanecía y de que ella se vestía para que no me quedara más.

Nunca me echó, pero no me pidió que me quedara, y yo pensaba en ella cuando no pensaba en nada, y siempre estaba a nada de llamarla, pero ella, que estaba a todo, me escribió: «Nos hemos acabado del todo». Y a la mierda el otoño. Abril nos robó a nosotros y se me olvidó que el calendario ni tiene pilas que se le puedan quitar ni persianas con las que se pueda tapar. Y nos despertamos como locos que se empiezan a desconocer poco a poco, y solo recuerdo, cuando la veo, que esa chica de la esquina de la barra me hacía primaveras en diciembre, eclipses de estrellas en mis ojos, y el amor complicado, como nosotros.

Donde ella solía estar

Me dijo un amigo anoche que cada vez que entra en el garito mira al hueco donde ella solía estar, aunque sepa que ella no va a estar, y eso supongo que es el amor. Que aunque ya no quieras y ya no te quieran, es un poco como en *Una mente maravillosa:* esas personas que ves, aunque no estén, van a estar siempre ahí. Hacerles caso o no es cosa tuya. Es la esquizofrenia del olvido a partes iguales: ¿qué, te crees que ella no mira hacia tu lugar cuando no estás? Que para volver a ver una peli solo hay que olvidar el final y algo así pasa con una relación, que andar por las calles que recorrimos es como dar tus pasos más los de ella. Echamos de menos las llamadas de madrugada para irla a recoger. Me decía también del verano en el que se bañaban de noche en la playa… y el bañador era la piel. Que lo que nos marca son las cosas que pasamos por alto, las cosas cotidianas que pasan de largo. Todos tenemos canciones vetadas por exceso de olvido, lugares en los que fuimos nosotros y ahora otros son como fuimos nosotros mismos. Que cuando dos se recuerdan ninguno puede ganar, que es la libertad del poder amar a otros pero sin que estemos cerca, para no chocar. Y es que es amar una vez y entender el idioma del corazón, es entender los escritos tristes, las palabras bonitas, es comprender la pasión.

Mirar al hueco donde ella nunca está es mirar con los ojos de ayer, pero hay sentimientos que no están escritos en la piel, hay lugares que siempre llevarán las sombras de personas. Y a todos esos lugares, sí, yo también dije que no iba a volver, y volví.

Adiós, tormenta

«Fuimos todos los putos barcos, los que se hundieron y los que se pusieron a salvo…».
Hoy creo que fuimos todas las tormentas que hubo, que fuimos vendavales en paladares al despedirnos, que fuimos tornados que nos despeinaron en un cuarto, que fuimos toda la lluvia de Coruña por metro cuadrado. Nosotros no encharcábamos las calles, nos encharcábamos los labios, nos incendiábamos al roce y a veces nos enfriábamos al tacto. Fuimos dos polos opuestos de helados. Fuimos todas las noches de invierno que cabían en una noche de verano. Que fuimos granizo en duchas al despertarnos, que nos derretíamos con besos al secarnos. Que éramos la niebla que impide ver a otros que tenemos al lado, que contábamos sonrisas por días despejados. Fuimos eclipses a mediodía y a medianoche en una cama que sabe más de nosotros de lo que contamos. Fuimos otoño cayéndonos la ropa cada vez que discutíamos por algo.

Fuimos y no somos, porque nos hundimos, pero eso nos hizo ponernos a salvo.

Y recuerda que las tormentas vienen y se van, si no, no las llamarían temporal.

Te he querido tantas veces

Vamos a desvestirnos a pedazos y a decirnos despacio que aguantamos un segundo asalto. Vamos a decirles a los sábados que no duren tanto, que ya me llevé a la chica, la de los labios rojos de besarme en las despedidas, la que dice que aunque quiera no me puede querer con medida. A la que miro a las 5 cómo duerme, y me mece la sintonía de su respiración continua. La que dice que me aparte, que no secuestre la manta, que el frío es muy cobarde. Subiendo a casa, le explico a las farolas que no la alumbren tanto, que brilla ella sola. Si se fugan los corazones, me deja notas de perdón en la nevera, me deja notas de sol en mis poemas.

Te diré que te veía con ojos que no se lo creían, que no concebían que me cosieran los malos días tus tacones de aguja, que serías mil aspirinas para los dolores de cabeza de la rutina. He querido a muchas otras y a ninguna parecida. Te he querido tantas veces como «Buenos días, amor» me decías. Te he querido tantas veces… mientras tú sonreías.

Dejar las cosas en su sitio

Vamos a estar vencidos, tú por mí y yo por tu ombligo, poniendo el sofá en su sitio, que le cuesta quedarse quieto cuando tú pones morritos. Mirando con cara de noches en vilo, mirando con cara de un insomnio que lleva tu piel escrito. Si eres viento, llévame a volar contigo, que no me acuerdo de la libertad de acabar las frases con comas, que no me quiero olvidar de cómo se acaban las noches cuando te pregunto: «¿Sigo?». Dirás ahora lo que quieras, pero no hubo quien te quisiera como se quieren las cosas que no saben cómo aparecen, las historias de amor en las que no te das cuenta hasta que ya vas por el capítulo 13. Te reconozco que yo llevaba 3 días más que tú prendido del vuelo de tu vestido, de cómo empiezas las palabras enseñando los colmillos, de tu sonrisa cuando te despistas de lo que te decía.

Te acordarás del momento en que fuimos todo el mundo, de la canción de Quique que decías que te tocara en las madrugadas que duraban segundos, y del mismo hueco en la cama en el que cabíamos nosotros, y de todas las cosas que nos decimos. Sabes que siempre fuiste un poco egoísta, aunque la mejor ducha de tu vida fue compartida. Que nos olvidamos de las prisas porque pasamos los días leyéndonos las risas. Fuimos la pareja más imperfecta que podría haber existido y somos el amor más contradictorio que podríamos haber tenido.

Yo solo quiero que sepas terminar y dejar las cosas en su sitio. Si vamos a acabar, empieza acabando conmigo.

Al final eres tú, sin mí

Ella me quería solo los días pares y yo a ella los días impares. Era imposible que nos pusiéramos de acuerdo. Si no coincidíamos en esto, no coincidíamos en nada. Ella quería dar vueltas al mundo y yo quería dar vueltas encima de ella. Ella quería creer que escribir es una meta y no podía, y yo creía que escribirla era ganar todas las carreras. Que después todas las copas sabían a ella y tuve que cambiarle cada cuerda a la guitarra porque sonaban a que no estaba. Que al principio, claro que nos dormíamos pensando que nos estábamos equivocando y que queríamos seguir equivocándonos el uno con el otro. Pero el amor no hace puentes tan largos, de los que se crean esperándonos un poco más a diario. Pienso que las noches eran mejor compartidas, aunque fueran a medias y mal; lo creo cuando la echo de menos, y en eso ya estoy mejorando, ya solo me pasa cuando me quedo solo.

Pero, si me permites la cercanía, aun ahora, si salgo de noche, quiero encontrarme contigo para decirte que eres la más guapa, aunque no lo seas. Y es que al final eres tú, siempre has sido tú. Pero llega un momento en el que ya no puedes ser tú y tengo que ser yo...

Cuando las cosas llevan mucho tiempo saliendo mal y empiezan a salir bien hasta te crees que no te lo mereces y a veces, para salir adelante, solo necesitas que una sola persona comience a confiar en ti: tú mismo.

¿LA CULPA ES DEL QUE OLVIDA O DEL QUE SE DEJA OLVIDAR?

¿La culpa es del que olvida o del que se deja olvidar? A mí se me da fatal olvidar, pero no se me da tan mal dejar que me olviden. Que el corazón se lleva por dentro y a nadie le interesa quién more o no en mis recuerdos. Si aquí no leemos el mismo libro dos veces, tampoco voy a volver a besarte cuando decidamos que llegamos tarde al reparto de actores principales. Que no es porque estés con él, que es porque no estás conmigo, pero eso tú no lo tienes que saber. Que te echo de menos cada día, pero nunca igual, que comprendo tu postura de querer a otros, pero te vas a equivocar. Ya no sé si olía un poco a verano o es que nos estábamos quemando, que aun ahora, si me tropiezo contigo, las palabras no encuentran destino, que a veces hay que perderse mucho para encontrarse a uno mismo.

A ti, en cambio, se te da bien olvidar, cicatrizar heridas con otras personas, es tu forma de amar. Que lo siento si yo no me puedo cerrar a los dos días cuando estoy abierto en canal, que para una vez que me da sol por dentro tampoco me voy a quejar. Si yo no leo dos veces los libros, lo tuyo es pasar páginas, perderte en los argumentos y hacer las historias tuyas, pero solo por algunos momentos. Estamos de acuerdo en que lo nuestro no eran las trilogías, y siempre fuimos a un intento. Por eso yo no te pedí que volvieras y tú tampoco esperabas que lo hiciera.

Sí, claro que contigo corría más rápido, pero no hacia donde yo quería. Supongo que tendré que buscar una compañera que corra en mi misma dirección y quizás también al mismo ritmo; igual así llegamos juntos a algún sitio.

¿De quién es la culpa: del que olvida o del que se deja olvidar? Da igual. Como de costumbre, tú dirás que la culpa fue mía y yo diré que la culpa fue tuya.

El listón

Amor, qué alto has puesto el listón para la próxima chica que quiera cambiarme la vida. Para cambiar el resultado, cambié a quién hacerle las preguntas, dejé las prisas por despedidas, por ganas impacientes de verte. Las noches en vela a la deriva, por noches de ron con tu sonrisa. Y lágrimas que ahogan, por besos que hacen que respires. Cambié cada uno de los planes que no íbamos a hacer por no planear contigo ningún día. «Para siempre» con ella, por pequeñas eternidades cada vez que te veía; y amaneceres con una desconocida, por mediodías perdido en tu cama, que es la mía.

Eres el cambio de dirección perfecto. Yo ya no miro atrás si te tengo a ti delante. Y se me olvida mirar a los lados. Lo que me gusta de ti es que me recuerdas a todas y no te pareces a ninguna. Aunque tú digas que eres igual de única que todas las demás, sabes que es mentira, que mentir no se te da nada mal, pero que, como yo también miento, una mentira tuya y otra mía hacen una verdad.

La verdad es que si tú no hubieras aparecido, nadie habría traído el verano y, joder, ya estamos en julio. Que lo de mojarnos sea cosa de dos; y lo de correr, cosa de ti, conmigo. Amor, qué alto has puesto el listón para ser la mujer de mi vida.

Si tú estuvieras aquí

Si tú estuvieras aquí, te llevaría a todos los conciertos en los que sientes nervios, te diría que sonrieras más cuando el día estuviera nublado para que saliera el sol, y te pediría por favor otro baile. Me harías leer cualquier libro que estuvieras leyendo para discutir sobre él y me cerrarías con un beso los labios para ganar la discusión. Dejaría todas las pelis a medias, pero no a ti, acabaría contigo empezando por mí. Te escribiría mensajes de esos que lees al levantarte y que te hacen sonreír. Te diría que no todas las noches dormimos bien, pero que si tengo que dormir mal con alguien, prefiero que sea contigo. Me ofrecerías una buena compañía, seguida de un guiño, con un beso infinito que dura un segundo. No tendría que imaginarte tan a menudo ni tan tarde. Podría cerrar mis insinuaciones con puntos suspensivos y no con punto y aparte.

Si tú estuvieras aquí, en la playa haría mucho más calor, la arena preferiría ponerse en tu toalla y no en la mía, y me pedirías que tocara una nueva canción. Después, que tocara algo de Quique González, y cantaríamos a dúo el estribillo de Rompeolas: «Y ahora ya no puedo prestarte mis alas, ni subirte la falda, ni cogerte con vicio, ahora da lo mismo reírse de todo que llorar por nada». Y parece premonitorio, porque no puedo hacer nada de eso porque no estás aquí. Acabaríamos cantando «Peor para el sol», de Sabina, y a mí tampoco me importaría no saber tu nombre.

Dirías que no somos eternos en un portal y que los días duran solo el tiempo que los recordemos. Supongo que ese día duraría toda la vida, porque yo nunca lo olvidaría, si tú estuvieras aquí.

Barcos a la deriva

Creo que hay barcos a la deriva que, si dejan de ir sin rumbo, lo pierden. Y nos pasa lo mismo a algunos. Si no estuviera tan perdido, sin tener ni idea de adónde voy, no sería el mismo, no podría descubrir pequeñas cosas a cada paso, ni llegar a sitios donde no había estado. Si no estuviera tan perdido, no hubiera llegado a ti, la única chica que no quiere salvarme y que se conforma con que nos (entre)tengamos sin horarios ni fechas de caducidad. Que el enemigo mortal del amor es el tiempo y con tenerte de enemiga íntima a ti ya voy servido.

Menos mal que nunca me pides planes, porque siempre fui de planes de huida, siempre fui de serlo todo, y cuando dejé de serlo, fui de ser nada. Siendo una sola unidad no hay quien me divida, no hay quien me rompa, no hay quien me haga el pecho añicos; o eso creía yo. Pero hay amores libres, y libertades compartidas, y hay tantas ganas entre tú y yo que ya ni nos duelen las heridas. Y a veces nos queremos, y a veces nos herimos, y me sana y me corrompen ambas a partes iguales. Hay personas que te devuelven a la vida real y te hacen perder la cabeza.

A veces me jode no tener rumbos fijos para ti, pero a ti te gustan los viajes improvisados, en coches medio estropeados, como yo. Y no busco más que verte feliz, aunque sea un rato, aunque nunca sea para tanto, aunque seas el mejor destino para mí.

Hay barcos a la deriva que de tanto perderse te encontraron a ti.

La peor historia

Cuando se desdicen los besos y no se entienden los brazos, somos dos que damos cero, somos uno más uno que no sumamos. Teníamos que ser la peor historia para ser lo que más nos recordamos; teníamos que ser el mejor desastre; teníamos que ser y no seguir siendo. No sabemos irnos, y mucho menos hacer cortas las despedidas; no sabemos alejar lo que nos hace daño cuando nos curó tanto, cuando ahora es tan oscuro que hasta un nuevo tachón parece un poco de blanco. Está claro eso de que vamos a estar mejor, pero para dormir bien aún duermo en tu lado de la cama, y aunque dejo la puerta abierta por si vuelves, también dejo la ventana para escapar si vienes. No voy a aguantar otro asalto al cielo. El orgullo es de los mejores sentimientos cuando se sienten por otra persona y yo por ti no siento, sentí.

Yo te quise hacer de todo, de todo menos daño. Buscarnos y no apartarnos. Ver el mundo en tus párpados. Pero tú nunca quisiste cerrarlos, y nos equivocamos. La magia se acaba acabando, y hasta los besos largos tienen final, aunque yo dijera que no. Hay días equivocados y hay noches que hieren. Y llegamos a un punto común después de tanto que nos tachamos.

Deja de olvidarme de mí.

Déjame olvidarme de ti.

Dejamos de escribirnos con las manos, de vernos mientras nos miramos, de bailar contigo aquí. Vamos a empezar a no recordarnos, a cruzarnos y a ignorarnos, a ser feliz sin ti, a que seas feliz sin mí. Vamos a ponernos patas abajo la vida donde nos amamos, a dejar a la vista la cicatriz para no volverla a repetir.

—Y tal vez no seas tan complicado —me dices.

Y me callo.

Y te ríes al salir.

El amor es de quien lo siente

Nos rompimos en todos esos trozos que sobran cuando tocan soledades a la hora de la cena. Yo nunca te quise arreglar porque siempre me gustaste tal como eras, tal como eres. Me enamoré de cada grieta que dejaba tu sonrisa en tus mejillas, de cada moratón que te hacías cada noche, borracha, sin tener ni idea de cómo; de cada vez que te tropezabas conmigo por este camino resbaladizo hasta el invierno; de tus enfados cuando me echabas de menos y cuando me echabas de más; de la manera que tenía tu mirada de aguantarme en los días en los que ya no daba más de mí. Me enamoré de todas las puñeteras veces que me decías que me fuera, que me marchara, que es muy fácil irse, que lo más difícil de todo es volver. Y volvía, y nunca decíamos eso de que todo iba a ser mejor, porque todo iba a ser, y con eso nos valía. Y nunca nos creímos eso de las segundas partes ni de las terceras vencidas. Teníamos tan presente que cuando se rompe algo no se puede arreglar que disfrutamos cada momento que nos quedaba pensando que podía ser el último. Tuvimos mil últimos besos, mil últimas despedidas, mil últimas miradas que sabían más de nosotros que lo que cualquier palabra decía. Pero solo tuvimos una primera vez para todo, y fuiste todas mis mejores primeras veces.

Fue lo difícil que nosotros quisimos que fuera, y nunca nos gustó ponernos las cosas fáciles, y menos el amor. Nos costamos un corazón el uno al otro, y es más de lo que pensábamos darnos. Y nos dio igual. Porque es verdad eso de que el amor es de quien lo siente, y lo sentí tanto por ti…

Nunca nos quisimos para siempre, pero siempre nos quisimos todo el rato.

Casi

Nos hundimos como se hunden las nubes de tus ojos en mares de ron, aferrándose a miniicebergs donde está todo lo que no enseñas, bajo el agua ácida que te pone perdida de amor la mirada. Hay unas sábanas muertas de dudas echando de menos un cuerpo que todavía no conocen, un sudor que ya nunca es el mío, unas manchas que, como dice Sabina, deja el olvido; calles que miran a todas las direcciones por si apareces por cualquier esquina; semáforos en rojo, corazón, no; semáforos en rojo peligro cuando cruzas con tus botas los adoquines del invierno y no dudas ni un momento. Porque hay momentos para perder la cabeza y otros para perder el corazón, y tú me has hecho perder la cabeza por el corazón. Y no me importa nada.

Cielos grises impregnados de tristeza precipitándose al suelo en forma de gotas de lluvia, ecos de caídas que fueron la nuestra pegándose contra el cristal de tu ventana, intentando en un último intento suicida llegar a tocarte, llegar hasta ti, y nunca llegan. Porque ya nunca dejas las ventanas abiertas, y solo hay salidas de emergencia con manillas con miedo de un futuro que nunca llega, de un futuro que solo esperas. Que tus presentes son el pasado más cercano, camisetas enormes para meter por las noches todos los problemas, camas de 90 compartidas con ausencias, miles de caminos que tienen tus piernas… Y ninguno es el mío. Y ya me estoy olvidando del mapa de tu espalda, de cómo llegaba a casa. Ya, cuando estoy borracho, casi no vuelves. Pero casi siempre es demasiado.

Casi no estás, casi no pienso en ti, casi te olvido.

Casi.

No puedo hablar de ti

No puedo hablar de ti, de los eclipses lunares de medianoche en tu espalda, de las duchas de amor sin soledades, del querer a quien te tiene. Ya no puedo hablar de cómo te dorabas en mi coche, de cómo te adornaba con piropos por las tardes, de cómo te quería todas las mañanas en que te despertabas con mal humor y con rabia. A ver ahora quién te saca esas sonrisas que te hacen ser tú misma.

Ya no quiero hablar de ti, de tu boca que, buscando la mía, me perdía el norte, de las noches que son días y luego meses, de que hay abrazos que te devuelven la vida, de que hay besos que te la quitan. No debo hablar de ti, de tu pelo que brilla cuando llega el verano, de tus manos que tienen forma perfecta para las mías, de que desde que no estás no duermo con nadie.

No iba a hablar de ti, pero no sé no hablar de lo que quiero.

Vivo

Cómo vivo yo ahora aquí sin ti, cuando hiciste del mundo una habitación, cuando las persianas deciden la hora que es, cuando la hora que es, es la que tú decidas. Aunque te diga siempre que es pronto, se nos acaba haciendo tarde. Que siempre tengo que irme, pero para volver. Y te noto latir. Y cada vez que lo haces tengo menos miedo de todo..., porque estamos vivos, y tú me sonríes y se me vuelven a escapar los «te quiero» por los ojos. Y es que sigo teniendo ganas de gritar, y de gritártelo, pero me falta valor.

Y me sonríes y me dices, justo cuando me voy a ir:

–A ver si cuando cruces la puerta encuentras a otra que te haga ser tú como te lo hago ser yo.

Dile

Te vi caminando de la mano de algún sucesor de mi calor en tus veranos. Dile que te gusta dormir con alguien al lado, pero sin tocaros, que haya espacio para discutir; que nunca te gustaron los despertares, que de número de pie calzas impares, que amas hacer esperar. Dile que sueñas con besos de barbas, con techos de fincas mirando al mar.

Que no hice bien en dejarnos hacer la guerra en bandos distintos, ni en pisos distintos. Que eres dictadora de horas que siempre pasan marchando de largo. Y yo soy anarquista de lunas que dejé por ti en el cielo mirando.

Que se entere de que eres de pelis en el sofá, tumbada mientras peleas con los pies y la almohada; de que bebes ginebra con tónica para curar tus noches extrañas. Y ojalá te bese de noche en el bar de moda, sonando "Princesa". Que te haga en la piel todo lo que no te supe hacer. Que te sepa querer: no demasiado y mejor bien.

Dile que siempre te costó dejarte querer, pero que, cuando quieres, lo quieres todo.

Tú sin estar

Claro que he imaginado mi vida mil veces contigo, que aún recuerdo la primera vez que nos vimos, y que la segunda y la tercera todavía seguíamos siendo desconocidos. Yo ya quería bailar contigo cuando tú bailas con otros; yo ya quería tropezarme contigo cuando tú tropezabas con otros; yo ya quería y tú ni lo sabías. A veces pienso que me estoy volviendo loco. Me haces salir del control mental que me tengo impuesto para encerrar las emociones, para que no duelan, y me despistas, y contigo lo siento todo: siento rabia, siento miedo, siento felicidad; lo siento y es lo mejor que podría aceptar. No sé cuántas veces vamos a coincidir con nuestras esperas y con las ganas de que sea el destino el que interfiera. No sé cómo decirte que quiero volver a beber tus labios de ron toda la noche, pero que me conformo con un ratito.

Claro que he conocido a otras mientras tú entras y sales, pones puntos suspensivos, seguidos, que parecen finales; entre tus desapariciones entre paréntesis, entre tus viajes por tus mundos, entre que vas y vienes de casa, y yo te espero en la mía. Claro que sí. Y las he querido conocer a todas, a todas las que he podido, a cuantas más mejor, pero no es que dejaras muy alto el listón, y no es que las compare contigo. Pero no son tú. Y tú no eres ellas. Y esto es un verano para olvidar una noche y, joder, que ya estamos en otoño.

A veces hasta me gustaría que nos saliera todo fatal, que discutiéramos por la calle, que despertáramos a todos los vecinos con los gritos, que tuviéramos rabia de vernos frente a frente. Que aunque todo fuera mal, yo me conformaría con saber que nos importamos y que estuvimos, aunque ahora ya no estamos. Y dejarnos de paréntesis, de ficciones, de saborear los besos que no nos dimos, y de pensar en los que nos dimos. Y pensar que al final pasó.

Y aun así, tú sin estar eres mi preferida. Eres la última en la que pienso al acostarme, eres todas mis pesadillas y los sueños que quiero repetir. Tú sin estar ya superaste a todas las que estuvieron; tú con una noche superaste a todas las chicas de mi vida.

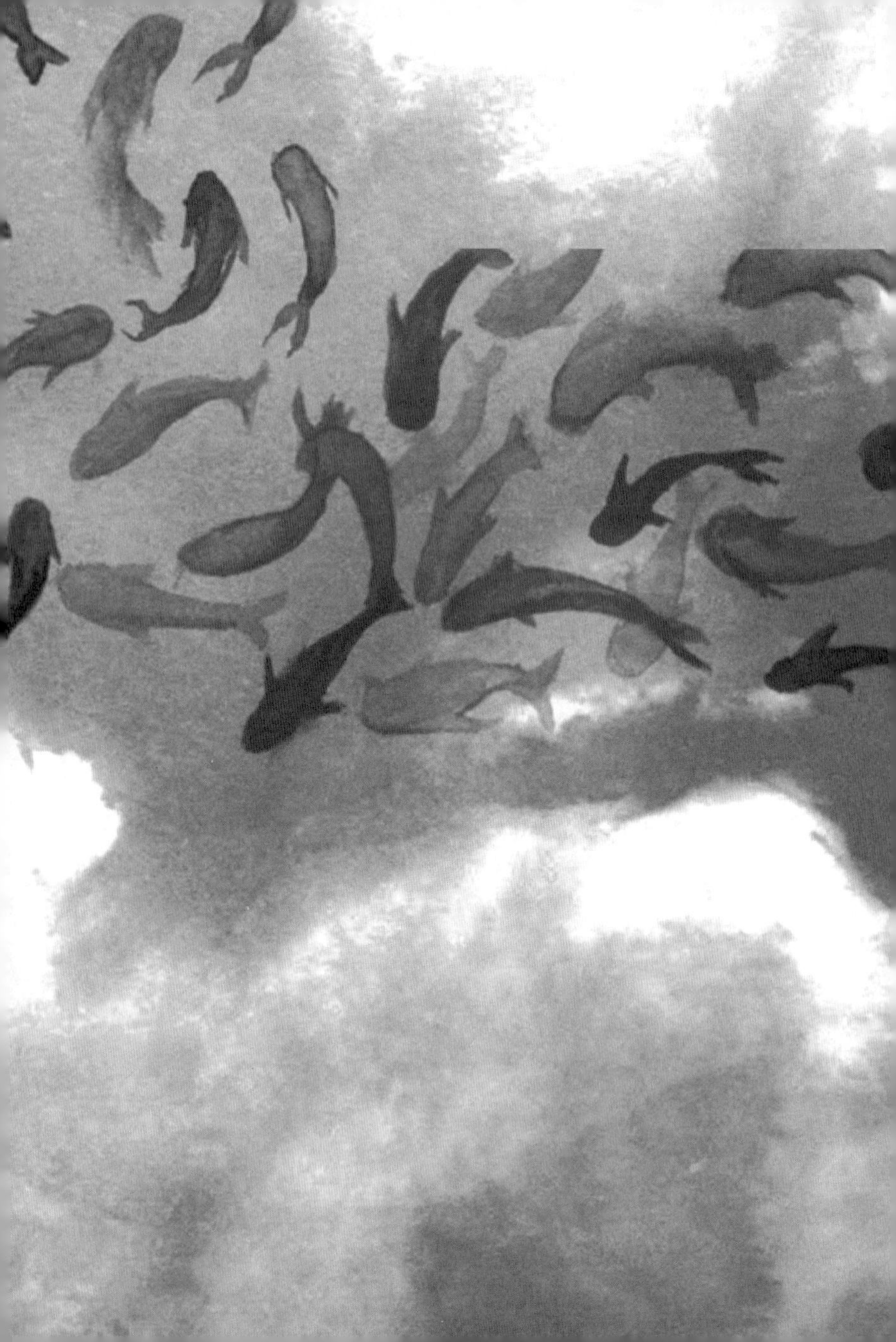

PARTE 4:
Apuntes de Bitácora

El miedo a estar acompañado

A veces es peor el miedo a estar acompañado que a sentirse solo. Porque, al fin y al cabo, nunca estamos tan solos como pensamos. Son mares de dudas que inundan tu cama de noche y, a partir de las 3 de la mañana, ¿cómo te explicas a ti mismo que tienes que intentar salir a flote? Que aquí todos estamos demasiado jodidos para contarlo y los que no lo cuentan no están tan jodidos como piensan. Todos echamos de menos a alguien aunque no queramos que vuelva, aunque no conozcamos del todo a esa persona, aunque quede solo un poco y aunque aún quede todo. Son insomnios que hacen que duelas en la cabeza y que me invente soluciones para arreglar el mundo, pero no puedo arreglar mundos si tengo andamios y vigas desnudas dentro, si estoy cerrado por obras para querer a otras.

Lo que más duele en la cama es el poder dormir y no quedarte dormido, y no porque tenga mejores cosas que hacer. Y darme vueltas a mí mismo para ser solución no funciona si no es contigo. Es verdad eso de que, si no tienes nada que perder, todo es más fácil, pero lo que no explican es que eres lineal, que te faltan esas curvas que te dan vidilla, que siempre estás normal. Y no se puede. Tienes que tener subidas y bajadas para valorar cada momento. Si no te arriesgas, no ganas, pero tampoco pierdes. Y es mejor fracasar por algo que estar normal por nada.

Cuando tengo muchas cosas que decir, acabo por no decir nada. Y la próxima vez que no tenga nada que decir, prometo no escribir.

Verde y fosforita

Que me dices que no estás tan guapa y no lo ves.
Que yo te quiero hasta verde y fosforita.
Eres la aurora boreal que leo
desde mi sofá en Galicia.

#Microcuento (Andrés Suárez)

Conocí a una chica en la playa de «Baleo» que calzaba «Más de un 36». Y después de una «Marcha nupcial», le pedí «Perdón por los bailes». Cuando paró la música, le dije: «Hay algo más». Y respondió: «Te doy medianoche» para que me convenzas. Entre las «Piedras y charcos», y la «Luna de Santiago», «La vi bailar flamenco». Le dije: «Tengo 26 pero, con 6 caricias», «Tal vez te acuerdes de mí».

Quiero ver cómo nos «Imaginamos» «Si llueve en Sevilla» mientras «Lo malo está en el aire». No diré: «Sálvate tú». Ni tampoco: «Voy a volver a quererte». Porque «A media estrella», «Diana», «Te di vida y media».

En "Dublín" fuiste "La más bella de Madrid", equivocada. Tu "Color de piel" a un "Paso de gigante" de la cama era una puesta de sol en "Benijo".

«A oscuras», «Otra noche», te besé los «Números cardinales» que tenías escritos en la piel. Se te escapó un «No te quiero tanto», y pensé que ojalá me hubieras «Matado antes». «Mi corazón», «A día de hoy», «Aún te recuerda».

Esa fue «La última mañana», y aunque le grité «Vuelve», hubo un «Nunca más Bruselas». Y nada, «Puede que esta vez no sea yo».

«320 días» después, «No me queda un abril para ti». Y cada vez que me cruzo con ella, pienso: «Ahí va la niña». Aún «Necesito un vals para olvidarte», pero «Así fue».

Daños

Va a llegar un momento en el que todas las cosas que no sabemos las sabremos. Veremos claro que los horizontes solo están pintados, que el futuro solamente es el lugar al que vamos. Tal vez pienses que ser optimistas es pedirnos demasiado, pero los ojos no mienten y en los tuyos, aunque estemos en Galicia, el cielo está despejado. Que muchas veces solo necesitamos un empujón para intentarlo, que lo llevamos dentro, que tirar para adelante es innato. Que de vientos y mareas aquí no pueden hablarnos, que fuimos todos los putos barcos, los que se hundieron y los que se pusieron a salvo. Que dejen de engañarnos, y dejemos de engañarnos. Que igual una persona no puede llevar el mundo en su costado, pero igual una persona sí que puede ayudar a llevar el mundo de otra a su lado. Y vamos a dejar de alarmarnos por todos los miedos que quieran que tengamos, que si antes no había monstruo del armario, ahora no hay nada que pueda terminarnos. Que se escuchan más los rumores que llevan las calles que las cosas que hablamos, que si hay que gritar, mejor nos gritamos, que ya llevamos mucho tiempo callados y los gritos solo duran el tiempo que alguien esté escuchando.

Y a veces no importan los finales ni los principios, sino en dónde estamos. Si hoy son todos los días de nuestra vida, mejor que merezcan la pena los daños.

Hasta que aparezcas

Hasta que aparezcas, tendré que recorrerme yo solo por esta ciudad entera; tendré que probarme con otras que prueban a ver si encajan ellas. Dile al chico de tu vida que se le está acabando el tiempo y que no sé si yo iré a por ti o nos tropezaremos un miércoles cualquiera, pero sé que te voy a encontrar, como se saben las cosas que tienes miedo de que puedan pasar. Que hasta que no aparezcas bajo mis sábanas, seguirás apareciendo bajo mis párpados, aunque no tenga ni puta idea de la forma de tu sonrisa cuando te ríes por alguna cosa. Que eres ese vacío que deja la silueta de unas piernas sin arder en el salpicadero de mi coche, que eres los pasos que doy hacia atrás y los pasos que doy hacia delante, aprendiendo a bailar, por si te gusta bailar pegados en el cuarto por las noches. Te voy a imaginar hasta que te vea delante, y no será un amor a primera vista, ni a segunda, ni a tercera, porque solo será amor, y ya no más amor solo.

Te diré que ya me estoy probando por las aceras, caminando a derecha o a izquierda, preparándome para que tú elijas del lado del que quieras tenerme enganchado paseando en verano. Que yo me conformaré con estar a tu lado, contándote las cosas que no importan tanto como el que tú estés escuchando. Te podrán querer mejor, pero más será imposible. Verás que no hago nada demasiado bien, pero que siempre nos apañamos.

Cuando aparezcas, no voy a perder ningún domingo de mi vida saliendo de tu cama, y tú dormida. Buenas noches, corazón, te voy a hacer poemas de amor.

Hasta que aparezcas.

Lo único que importa

Nos falta una chispa para incendiarnos, y es lo que nos pasó. Dicen que, para que una canción sea buena, tiene que tener una buena letra, una buena música, una buena interpretación y algo más que nadie sabe lo que es, pero que es lo único que importa. Y una buena relación es como una buena canción: solo necesita esa chispa, ese algo más que es lo único que importa. Que a veces todos pensamos que acabaremos con alguien, y ese alguien con nosotros, y también todos los demás. Imaginarse futuros en casa, y que todo iba a salir bien, pero a la hora de la verdad, en el campo de batalla, en el cuerpo a cuerpo, faltaba esa chispa para empezar a arder; esas miradas suicidas a los labios, ese estar pegados como si fuera la ley, esos días que se convertían en otros días, ese tiempo que te pasa lento, amor, cuando estás sin él. Y sobran todas esas palabras que os decís cuando no os entendéis con una mirada. Sobra la no distancia que os tenéis. El tiempo se hace largo cuando estáis juntos y lo que parecía amor, desde lejos, no lo es.

Pero después aparece alguien que no es la más guapa del mundo. Que sois completamente incompatibles, que discutís y, cuando no discutís, mordéis. Que tiene la gravedad perfecta para que gires sobre ella, que te hace no pensar cuando la ves, y a veces cuando no la ves también. Y tiene todas esas cosas que no te gustan de alguien, y tú tienes todas esas cosas que ella no puede ni ver. Os encontráis y en las distancias cortáis, empezáis a arder.

Y las parejas que estaban predestinadas se hielan. Y las parejas fuera de serie, llenas de taras, se incendian. Y el amor deja de ser una ciencia perfecta. Y por suerte esa chispa, que es lo único que importa, la tenéis.

Todo es mejor contigo

La noche, la cama, el mar, el sol, el paseo, correr, gritar, sudar, morder, arañar, cantar, reír, llorar, mirar, aprender, ver, estar, sentir, leer, vivir… Todo es mejor contigo.

Somos de quien nos cuida

Somos de quien nos cuida, de quien nos dice que todo va a salir bien cuando creemos que todo va mal. Porque ni cuando piensas que todo va mal, estamos tan mal, ni cuando pensamos que todo va genial, estamos tan genial. La vida hay que compartirla para que nos den más perspectivas, para ver el mundo a través de otros ojos, para que nos encuentren salidas cuando no tenemos ni puta idea de adónde ir. Y no conozco otros ojos mejores para ver la vida que los tuyos, y no sé a quién cuidar si no es a ti. Y eso, que estoy bien, pero que estaría mejor contigo.

La clave

La clave es que seamos todo de inmediato, que mañana no existe y hoy ya es tarde. Y nos ahogamos entre todo lo que no pasa por pensar en lo que pasará. ¿Y por qué? Por qué no podemos estar al día por una puta vez en la vida, dejar de preocuparnos y no ocuparnos de lo que nos raya. ¿Por qué preocuparnos de no ser los mismos? Si no tenemos ni puta idea u olvidamos lo que somos ahora, de quién somos, o de quién queremos ser.

Quiero lo que quiero, y no quiero que lo quiera nadie. Quiero tener las prisas para no acabar los momentos, quiero besar rápido por si se me acaban los besos. Y no quiero mirar a nadie como la miro a ella.

Y al final me resumo en nunca dejes de recordar lo que quieres, ni a quien.

El miedo a que pase

Ves a todo el mundo ilusionado con algo o con alguien, y ves que tú no, que tú no puedes, o que no has encontrado esa sensación. Y no es porque el pasado venga y no nos deje estar en el futuro, no, el pasado ya está superado, pero no olvidado. Y lo piensas y te preguntas cuánto hace que no sientes algo intenso, y ni te acuerdas de la última vez. Y entras en el bucle de rutina y de sobrevivir, y todas las estaciones te pasan de largo a ti.

Pero luego llega un día en que te fijas en alguien y con el tiempo piensas que podrías hacer cualquier cosa por ella, que tiene un mapamundi en las caderas, y que siempre es demasiado poco tiempo para que la quieras. Que luchas por ella como si no hubiese mañana, como si el último pudiera ser el último beso de verdad, como cuando deja que le quites el sueño porque no quiere que se acabe hoy.

Y ahora creo que no hay que tener miedo a que pase. Hay que tener miedo a que no.

No paro de pensar

No paro de pensar que estamos necesitando demasiado, que estamos pensando demasiado, que estamos siendo demasiado. Que sí, que lo que tarda dura, pero, mientras tarda en llegar, estamos perdiendo el tiempo con miradas que se pierden en vacíos, con vacíos que no se llenan con miradas, con tonterías, y no de esas que te hacen ser tú mismo. No pasa nada por admitir que no estamos preparados, la vida no está para compartirla con una sola persona, tus futuros no son de nadie excepto tuyos, y que siempre seas tú la que decida si quiere cumplir sus sueños o romperlos. Más que el después, la putada de las elecciones son el antes, porque si tú eliges un camino, siempre puedes tomar mil desvíos, llegar adonde quieras llegar o incluso llegar adonde nunca pensaste que podías llegar, y quizás sea mejor destino, pero es jodido imaginar cómo van a ir las cosas y que sea tal cual.

Hay que dejarse llevar, pero nunca jamás dejarse arrastrar, que siempre lleves tú la corriente, que seas a la que toquen y salten chispas, que solo te necesites a ti para encenderte, pero que decidas a quién iluminar con tu sonrisa. Y no digo que seamos un nosotros contra el mundo. Siempre hay gente que te lo va a levantar cuando se te eche el mundo encima, pero eres tú quien va a tener que dar el primer impulso para levantarlo. Somos todos los fracasos de nuestra vida, porque los aciertos están demasiado sobrevalorados.

Cambios

Voy a confesar que me aterran los cambios, la incertidumbre de no saber si va a pasar, la ignorancia de si acabará, el error de pensar que no. Y aun así, yo sé que somos cambio, que somos todo lo que nos pasa e incluso las huellas que deja lo que no, pero no puedo parar de pensar que no sé si voy a estar mejor haciendo esto o haciendo lo otro. Quizás es que no tengo ni idea en esto de elegir, que prefiero que me elijan y dejarme llevarme, que no es que me conforme, es no saber si voy a dar lo que esperan de mí, es un no querer esperar por nadie, soy un ahora más que un nunca.

Será porque las cosas buenas empiezan solas, y soy más de cuidarlas y mantenerlas que de buscar otras. Y que los mejores cambios son los que suceden sin que te des cuenta, o eso espero.

Arreglar mi mundo

Perdemos el tiempo con otoños que duran todo el invierno, y no preferimos las primaveras que duran segundos. Preferimos lo malo y estable a lo bueno y breve. Preferimos no estar tan mal a no saber si vamos a estar bien. Nos ahoga fallar las pocas oportunidades que tenemos, pero no hacemos nada por crear más, por buscar lo que queremos. Nada nos va a llegar por amor al arte, que me lo digan a mí, nada llega solo si no hacemos algo para que llegue. La vida no para de cambiar, y casi nunca nos preguntamos si estamos a la altura de nosotros mismos, si podemos ser mejores, si es más cómodo hacer lo de siempre que intentar otras cosas para hacerlo mejor.

Perdemos el tiempo pensando que somos unos pobrecitos, que la culpa es de los demás, que qué mal nos trata la vida, y qué puta, y qué mierda es. Pero igual somos nosotros los que tratamos mal nuestra vida, los que no tomamos las riendas, los que somos una broma de lo que queremos ser. Pues a mí no me va a pasar más.

Hoy me lo iba a tomar de descanso, pero igual mañana ya no tengo tiempo para arreglar mi mundo, así que no hay tiempo que perder: ya estoy en ello.

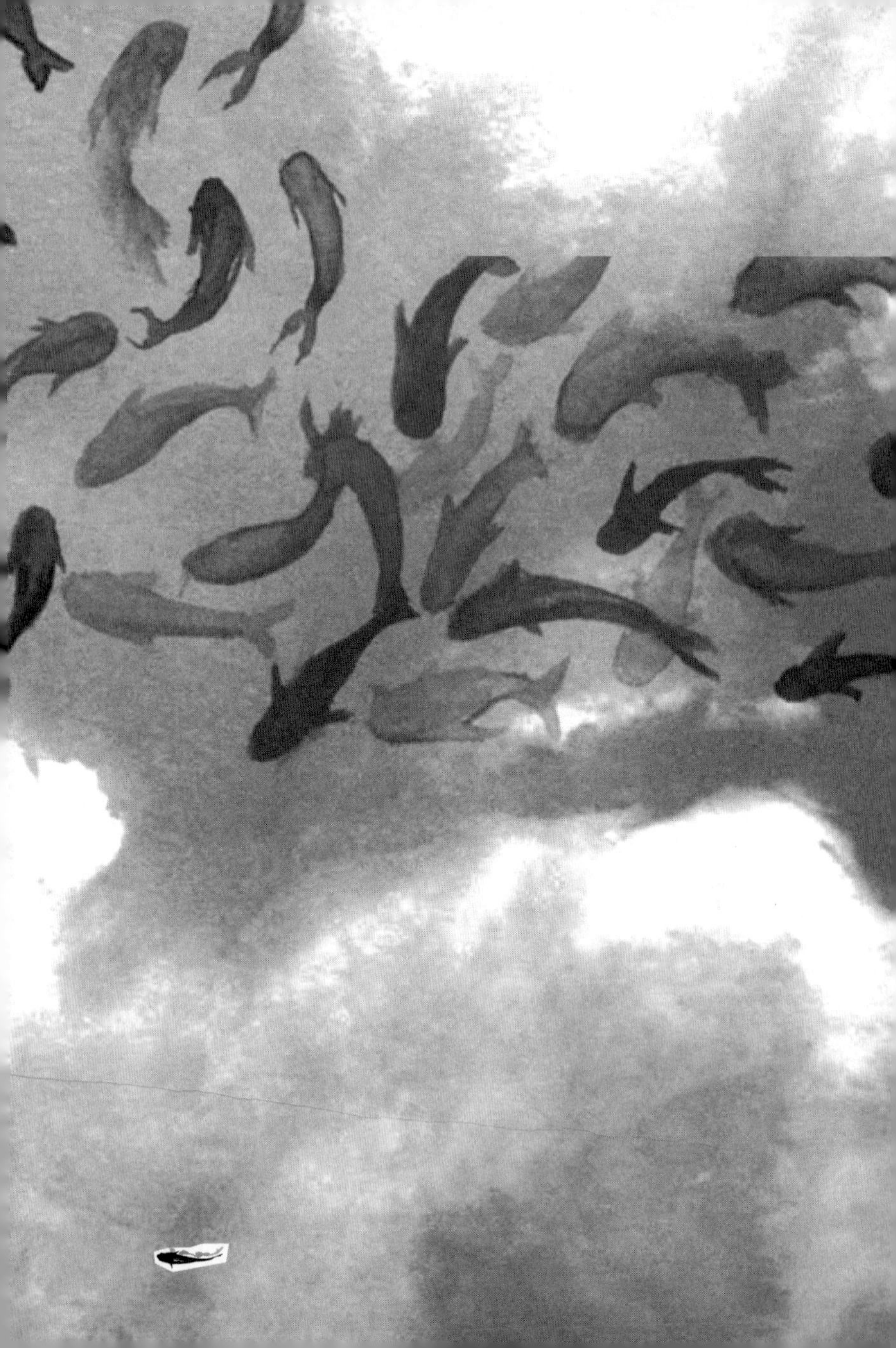

PARTE 5:
Instatextos

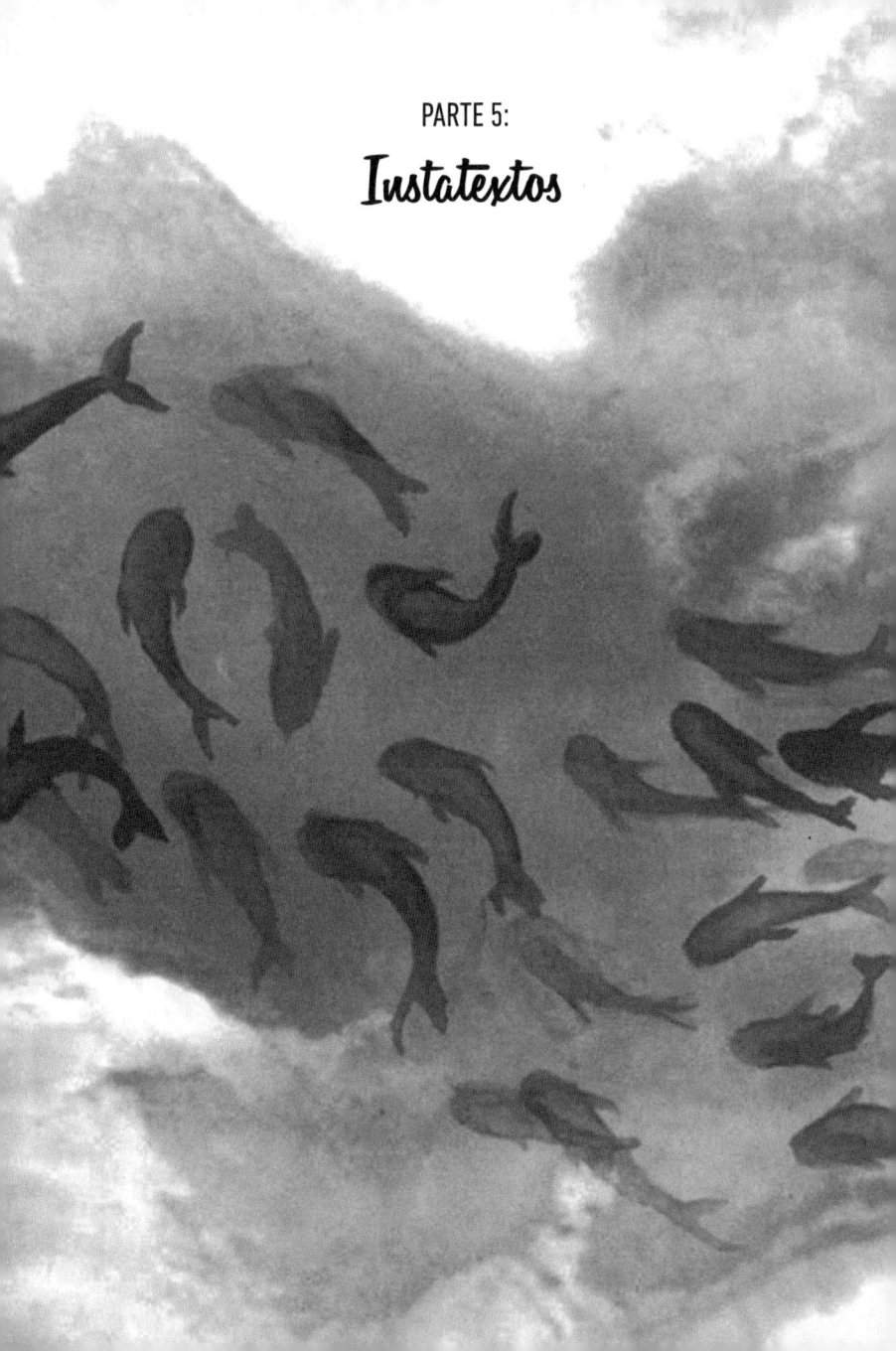

Puntillas

Si algo he aprendido de este año es que las cosas solo llegan si las buscas, si haces que pasen, si haces que formen parte de ti. Que no os diga nadie que no estáis haciendo nada por hacer algo que os guste. Que el futuro no está asegurado para nadie y es mejor hacer algo que nos guste con corazón y tiempo a hacer algo que nos disguste. Porque casi más importante que saber lo que se quiere es saber lo que no, y cuando haces algo que te gusta, no estás perdiendo el tiempo. Yo, para 2016, no pido nada: que me sorprenda, que pasen cosas. Intentaré estar a la altura aunque sea poniéndome de puntillas. Y ya nos encargaremos nosotros de querer a quien nos cuida, de cuidar a quien nos quiere, de cumplir sueños. Somos de quién nos cuida, no lo olvidéis, que esas personas no nos falten en 2016. Feliz año a todos.

Corazón y tiempo

No sé cómo decirte que te espero, que estoy para ti siempre que lo necesites, y también cuando no. Que me pienso quedar hasta después del huracán, aunque solo queden cimientos. Yo te ayudo a reconstruir si te hace falta. No sé cómo decirte que eres toda mi felicidad de 2015, que lo único que quiero regalarte es corazón y tiempo, que es lo único que tengo. No sé cómo decirte que vas a cumplir en 2016 tus sueños, que tienes que luchar por ellos, que si quieres, puedes. No sé cómo decirte que te echo de menos, que no quiero pensarte más lejos, que quiero tenerte cerca. Ya casi no sé cómo decirte que te quiero sin poner «te quiero» en ninguna frase.

Que no nos falten

Lo mejor que te puede pasar es que alguien no duerma porque tú no puedas dormir y no quiera dejarte solo. Y es que quitas la pena, me metes la felicidad en vena en cada sonrisa escondida detrás de cada vez que me miras. Aun así, hay días que necesitamos estar tristes. Y las personas que nos respetan de verdad esos momentos merecen la pena, alguien que entiende que necesitas tu mundo, aunque tengáis uno juntos, y que vas a volver siempre. Yo ya lo dije: que la confianza era mejor que la suerte, pero hay suertes que nos dan confianza, hay personas que nos hacen poder con todo, hay personas que nos dejan estar tristes para ser felices, hay personas que nos cuidan hasta cuando dormimos, hasta cuando duermen y nos abrazan; hay personas como tú, que no te cambiaría por nada, porque ojalá que no nos falte nunca quien nos hace feliz cada día. Y para mí eres tú, que siempre tuviste el valor de cuidar de alguien que siempre se descuida.

Estas ganas

Estas ganas de no perderte nunca no me las quita nadie. Que nadie hable de esas cosas que no sabe, que nadie pierda la cabeza si no es por alguien. Yo también tiemblo, Miss Camiseta Mojada, como si fuera la primera vez, cada vez que te veo, cada vez que te beso, cada vez que te vas. Yo también me convenzo de madrugada de esas cosas que pensamos por el día. Yo también sé que es la primera vez que acierto de verdad porque tengo miedo al «se va a acabar», pero estoy convencido de que no lo hará.

Lo que falta no llena

No entiendo la invisibilidad de la gente cuando pasa, el no mirar por el no saber, por el si está. No entiendo que llene lo que falta, que echemos de menos lo que nos rompe de más. No entiendo que nos enamoremos de las caras, que no nos fijemos en los detalles, que no queramos buscar lo que hay detrás. No entiendo que queramos volver a tener los abrazos que pasan, lo que ya no es, lo que no está. Lo que fue, por mí, que no vuelva más.

La verdad

La verdad es que no hay nada más cierto que tú, que no hay días malos que mejores a sonrisas, que las metas no solo son saber adónde ir. De verdad, que si tú no estás, nadie va a entender mi desastre, nadie va a saber que nunca duermo por las noches, que si puedes, voy. En realidad eres mejor que mi imaginación. Eres la vida que quería para mí, eres mi punto de apoyo y el de inflexión. Quizás seas tú siempre la de llegar, y yo el de quedarme, y no se nos da nada mal, nos ponemos de acuerdo a mordiscos, nos arreglamos pegándonos fuerte, nos mantenemos el uno al otro. La verdad es que tú la eres siempre.

La suerte de quien nos cuida

Para mí la suerte son las personas que nos cuidan, que nos alejan de lo malo cuando llega, que nos dan las oportunidades para ser felices sin pedirnos nada a cambio. Para mí la esencia de la presencia es el vivir el momento, disfrutar desde que está hasta que se va, dejarnos de enfados que amargan los buenos tiempos. Para mí lo mejor es que siga siendo la que más, de todos los tiempos que recuerdo, de todas las dudas que me asoman, pero sobre todo de todos mis aciertos. Para mí, que soy tan yo, solo hay un tú cada vez que pienso, solo hay una segunda persona que para mí es la primera, solo hay ilusión contigo. Para mí la suerte es que me sigas diciendo cada noche: «Mañana quiero verte». Y ya, menos mal que mañana me tocas tú.

Todo llega

Todo llega: hasta cuando piensas que puede ir a peor, hasta cuando no sabes adónde ir. Hasta cuando nos falta la ilusión, llega alguien que nos renueva, que nos hace ir a mejor, que nos hace sentir que aquí es justo el sitio donde queremos estar; hasta nos ilusiona. Y llega un momento en que ya no sabes si estás imaginando, si estás soñando o si lo estás viviendo, y eso, vivir ilusionados, imaginando los sueños y cumpliéndolos y contigo al lado, es fácil. Llegas, estás y la vida es más fácil y yo soy más feliz y es lo único que quiero, que no nos falte la ilusión por vernos, la imaginación para no dejar de sorprendernos, los sueños para tenerlos juntos.

Eras tú

La única solución cuando no sabemos dónde estamos, o cuando no queremos estar donde estamos, es salir de ahí, es ver más mundo, conocer más perspectivas. Porque puedes andar perfectamente con un ojo abierto, puedes incluso andar con los dos cerrados, pero cuando tienes los dos abiertos, cuando lo ves todo, tú eliges adónde ir y el camino que tomar. Que sí, que no importa el camino mientras lleguemos, que no importa cómo empecemos mientras lo hagamos, pero hay formas y formas, y hay maneras. Y aunque podamos solos, casi siempre es mejor tener a alguien que nos guíe, o que no nos guíe, pero que nos apoye con el camino que queramos tomar, y que nos deje apoyarnos cuando estemos cansados, cuando no podamos más y no sepamos por dónde tirar. Y tú no me dejas caerme, y siempre me haces seguir hacia delante. Yo solo quería alguien tan loco como yo, para tomar el mismo camino, y eras tú.

No pares tu vida por nadie

No puedes parar tu vida por nadie ni pensar en lo que fue y no es. No puedes estar cada dos por tres pensando y si esto tal y si esto lo otro. No hay más que ahora. Lo que hicimos mal ya está hecho, y solo podemos seguir adelante, porque es eso, tenemos miedo todo el rato, pero ese miedo no nos puede paralizar, tiene que ser el miedo que te provoca la adrenalina para coger más impulso, para ir más rápido, para llegar más lejos, para saltar más alto. No pienses nunca no voy a volver a encontrar, no voy a volver a sentir, no voy a… porque si no lo encuentras, te va a encontrar. Si no lo sientes, van a hacer que lo sientas. Siempre hay alguien que nos arregla cada vez que nos rompemos. Siempre hay alguien que es lo mejor para nosotros, que es nuestro trocito de mundo, la persona con la que podemos contar siempre, y para mí eres tú, y no quiero que te pase nada de esto, pero si te pasa, yo te arreglo.

No importa que se olviden las noches

Siempre te olvidas de todo, muchas veces incluso de mí. Y no te culpo, yo quiero la libertad que eres, las verdades que tienes, la suerte y los desastres que me traigas. La verdad es que desde que tú entras y sales de mi vida no soy capaz de dejar entrar a nadie más, no soy capaz de ver futuros conmigo con otras, no lo soy. Y yo no quiero ni una cadena para ti ni que sientas la más leve presión, pero cada vez que me das la mano hay un segundo en que pienso que no te voy a volver a soltar. Y vamos a conciertos y lo mejor del concierto eres tú, y no estás ni al lado y llevas siendo lo mejor de muchos conciertos, aunque no estuvieras, llevas siendo lo mejor de tantas noches, aunque no lo supieras. Y bueno, aunque nos olvidemos de las noches, que no olvidemos con quién las compartimos.

Más fácil

No es lo preciosa que estás cuando te veo, es lo preciosa que eres cuando no. Y aunque no tenías mucho tiempo, nunca parabas de reír, de fijarte en los poco a poco, de querer mucho más con el corazón que con los ojos. No sé si es mejor llegar juntos más lejos pero menos tiempo o quedarnos más cerca más tiempo, porque yo siempre fui de quedarme cerca de ti, y de dejarme llevar, de que pase lo que pase, pero que nos pase juntos, de todo eso de hibernar, de pedirle días al mes que viene porque me da vértigo acabar cosas contigo, pero me encanta empezarlas. Supongo que prefiero estar más cerca, llegar más lejos, y estar más tiempo contigo. Y eso, que por las noches es más fácil decir lo que piensas, querer a quien quieres, hacer lo que quieras.

Los sustos

Me gustan los tangos porque son de desamor, como yo. Porque yo también solo supe hacerme odiar para salvarla, porque solo supe irme por el miedo a no ser más, porque me cuesta tanto volver... Los sustos nos hacen ver lo que realmente no queremos perder, y sobre todo a quién, pero es tan jodido darse cuenta, es tan jodido solucionar lo que rompemos, es tan jodido empezar de cero y empezar a ser lo que queremos. Pero, bueno, después de la tormenta, llega la cama, y que nadie me saque de ella. Y si quieres, tómatelo como una proposición para cambiarnos la vida, y el invierno, y los días.

Compartirlo

Siempre nos decimos lo mismo: que no, cuando queremos decir sí. Que sí, que vengas, que yo espero por ti, que ni hablar de eso de pasar el domingo sin tenerte aquí. Siempre nos ganan las ganas al orgullo, no duramos enfadados ni 20 segundos, tenemos las miradas que más se atraen del globo, tenemos planes para conocernos conociendo el mundo. Tenemos un camino cada uno que no para de juntarse con el del otro, tenemos más hechos que planes, y siempre tenemos tiempo para lo que queremos, y sobre todo para quién queremos. Y yo tengo todo el tiempo para ti, para abrigarte en los malos tiempos, para que no te pongas malita de nostalgia. Yo tengo todo mi tiempo, y lo mejor es compartirlo contigo.

Fuerza

Yo me preocupo de ocuparme de que puedas con la semana, de demostrarte que compartir tu cama con apuntes y conmigo es una opción, de que consigas lo que quieres si tienes ganas, de quitarte, aunque la tengas, la razón. Porque necesitamos gente que nos dé fuerzas, pero no esperanza; la fuerza nos hace ir paso a paso a la meta, la esperanza solo nos hace ver la meta. Y yo quiero que vayas poco a poco para conseguir mucho, y te voy a dar toda la fuerza que necesites cuando te falte, y voy a llegar contigo hasta el final. Porque todo es más fácil juntos, juntos lo hacemos todo, juntos podemos conseguir lo que queramos.

Que no las perdamos

Buscamos dormir al lado de alguien pensando que a la mañana siguiente nos vamos a despertar y diremos: «Joder, qué suerte tengo». Porque no sabemos estar solos, o no queremos. Pero luego encontramos a alguien que nos hace sentir bien, felices, que nos hace la vida más fácil, y no cuidamos a esa persona lo suficiente, y la perdemos, y volvemos a tener miedo a estar solos, a no volver a encontrar a alguien por lo menos igual. Y llega otra persona y nos pasa lo mismo. Y el problema somos nosotros, porque idealizamos el amor, el estar con alguien, el querer a alguien, en vez de vivirlo de verdad y dejarnos llevar por cada sensación cada minuto. Porque hay cosas que hay que vivir, y no hay que pensar, y cuidarlas. Y hay personas que nos hacen vivir, que hacen que dejemos de pensar, y que nos cuidan. Y ojalá que no las perdamos nunca.

Tiempos mejores

Que vengan tiempos mejores, y tú con ellos. Que me ayudes a acabar con todos los días largos malos, con todo lo que no puedo, con mis intentos fallidos de acabar conmigo. Que acabes con las formas que tengo de ponerme triste, que me abraces y que me digas que no pasa nada, que estás aquí, y que vas a ayudarme a arreglarme el mundo. Y yo te digo que estás más guapa cuando eres feliz, y sobre todo cuando me ayudas a serlo a mí. Y te acuestas a mi lado y la suerte es mía, contigo, porque el mejor tiempo es en el que estás conmigo.

Gente que no se va nunca

No sé de dónde sacas el tiempo para hacer todo lo que te propones, para proponerte retos cada día, para seguir sumando en tu vida. No sé desde cuándo tienes esa manía de alegrarme la vida, de hacer que cuente cada risa, de abrazarme cuando soy yo el que te necesita. No sé no sentir los nervios por verte, no hacerte rabiar de ganas cuando paro y no quieres que pare, cuando me aparto y no quieres que me aparte. Y me dices que hay gente que no se va nunca y que menos mal, que somos de esos, de esos que son felices con poco. Yo, por ejemplo, contigo.

Chicas rotas

Si en el amor no se apunta y solo se dispara, yo siempre disparo a las chicas rotas y se me cuelan las balas entre sus grietas. Y tú siempre fuiste un desastre, una tormenta que lo arrasaba todo, pero no es tu culpa, es tu naturaleza, eres así. Al final, solo se recuerdan las personas que dejan huella, por muy desastre que te hayan dejado hecho. Porque a la gente que nos arregla, la olvidamos. Nadie se acuerda de los obreros o de muchos arquitectos de cualquier sitio, pero sí de la forma y del que los derrumbó. Al final eres como los días de lluvia: cuanto peor el día, más inspiras, y más con la sensación de estar en casa me dejas.

Los domingos son para no ser

Ojalá que nunca estés mal para que no te tenga que curar, porque yo siempre estuve hasta cuando me decías que no hacía falta estar. Porque eres la chica de los ojos ilusionados, y los domingos son para no ser, y yo soy mejor contigo, yo estoy mejor contigo. No quiero que pierdas nunca esa forma que tienes de brillar y de darle luz a mis peores días. No quiero que te pierdas por venirme a buscar cuando no sé dónde estoy. Ojalá que nunca tenga que curarte porque mereces estar bien siempre, te lo mereces todo. Y yo voy a intentar siempre que no necesites nada, que no te apagues nunca, no faltarte al lado cuando te quieres ir a dormir.

Ni te imaginas

Ni te imaginas las veces que recuerdo al día cuando te reías, cuando decías que los días son para compartirlos con quien te encuentra salidas, cuando las noches nos asfixian. Te mentiría si dijera que he encontrado a otra con mejor sonrisa, a otra que se tropiece conmigo cuando el tiempo nos pisa, que tenga las ganas para escaparnos sin dejar ninguna pista. Te miraría otras cien noches seguidas mientras te hacías la dormida, cuando pedías tregua hasta el mediodía y yo te dejaba dormir lo que querías porque te quería. Y lo hacía, y lo sigo haciendo, porque hay sonrisas que no se olvidan. A quien te mejora la vida no lo olvidas.

No descuidarte nunca

No es lo que queda atrás, es lo que tenemos delante. No podemos volver a dar los besos que no dimos, no podemos volver para no decir las frases que nos condenan, no podemos esperar a quien no esperamos, no podemos quedarnos si ya no estamos. Solo nos queda asegurarnos de hacer único el siguiente momento, de que no necesitemos segundas oportunidades, de hacer feliz a quien nos cuida y a quien queremos. Solo nos queda no olvidarnos de lo que nos llena, de quién nos salva los martes, de quién nos abriga cuando tenemos frío. Solo me queda no descuidarte nunca, no fallarte, estar siempre que me necesites.

Magia

Magia es que vuelvas siempre sin irte nunca, que me hables un minuto antes de que te llame, que te quedes a dormir, que nunca sepas dónde estoy, pero que aun así me encuentres, que me mandes audios cantando la canción que no me saco de la cabeza, que me des los buenos días y que me los hagas. Magia es vivir la vida a tu lado, que no dejes escapar ni un momento, que solo nos queramos libres. Magia es que me sigas mirando a los ojos como la primera vez y que me siga quedando atontado. Magia eres tú, y ojalá que la sigas queriendo compartir conmigo.

Nunca es fácil irse

Tenemos miedo a que se acaben las cosas porque tenemos aún mucho más miedo a que no nos vuelvan a pasar. Tememos el no poder encontrar a alguien más que nos haga sentir por lo menos igual que la última persona que nos alegraba el día. Tenemos miedo de encontrarla y que salga mal, y volver a sufrir y volver a pasar por lo mismo. Tenemos miedo de que pase y de que no pase, de superarlo y de no encontrar a nadie que lo supere. Y no nos damos cuenta de que solo nos vamos a arreglar cuando dejemos de pensar las cosas, porque tiene que ser «un venga lo que venga»; lo vamos asumir y vamos a disfrutar de ello. Y que llegue alguien que sea un desastre, que tenga mil defectos, que lo sepamos, y que no nos importe, porque hay que disfrutar cada momento, con las personas que lleguen, con las personas que estén, sobre todo con las personas que quieran estar. Porque conseguimos lo que queremos conseguir, y lo más difícil es irse, y solo esperamos encontrar a alguien que consiga que no nos queramos ir más.

¿QUIERES?

Si quieres, me quedo despierto contigo todas las noches que no puedas dormir, empezamos a vivir todas nuestras primeras veces juntos, te cuido más que a nadie. Si quieres, voy a tu lado todos los días que no quieras estar sola, me enseñas todos los sitios en los que piensas, empiezo a hacer planes para llevarte adonde quieras. Si quieres, compartimos noches y días, nos prometemos los que vienen, nos salvamos las semanas. Si quieres, me cuentas cada tarde todo lo que te raye, te arreglo el mundo de mil maneras distintas, me enamoro del desastre que eres. Si quieres, no perdemos más el tiempo y no dejamos más las ganas para luego.

SOMOS LO QUE SENTIMOS

Si somos lo que sentimos, no quiero arrepentirme de no sentir nada, porque el peor de los intentos es el que no se hace, y yo ya no voy a fallar en no intentarlo. No voy a dejar pasar ninguna oportunidad porque nunca sabes dónde va a estar la salida buena, el tren que te lleva a tu destino, la mejor opción. Porque depende solo de nosotros, de lo que hagamos para conseguirlo, porque tenemos el mundo en la mano y no lo sabemos, porque el miedo está en la otra y a veces pesa más. No quiero volver a tener miedo a intentarlo, y me da igual que salga mal, porque sí, somos lo que sentimos y no voy a dejar pasar una oportunidad para sentir.

Lo mejor surge solo

Lo mejor surge solo y yo solo quiero ver cómo no pierdes nunca la sonrisa, cómo no te cuestan los días, cómo te acurrucas a mi lado en los días de lluvia. Porque ya que tú les quitas los nubarrones del cielo a todos con tu alegría, a mí me toca quitártelos a ti. Y no voy a dejar una nube viva. Porque, mientras sonrías de verdad, todo va a estar bien, y nos vamos a ocupar de que no nos preocupen los problemas. Yo solo quiero que seas feliz, y si es un poco por mi culpa, mejor, porque al final lo que se dice, si no se hace, no vale para nada.

Alas

Estamos hechos para romper, pero a reír, y somos de los que nos abrazamos fuerte para quitarnos el frío. Y vamos a seguir con el pacto de solo nervios por volver a vernos y no por miedo a no vernos más. Vamos a seguir con el «yo no quería irme a casa, y tú te quedaste conmigo». Porque nos da igual mañana por la mañana si tenemos esta noche. Eres la única persona por la que renuncio a dormir, y tampoco es renunciar, elijo, y siempre te escojo a ti. Y tenemos que saber y reconocer nuestras debilidades y curarlas, y yo te prometo que te voy a curar siempre que estés mal, sobre todo cuando no tengas buenos días, cuando no quieras echar de menos por las noches, cuando tengas pesadillas. Y ahora ya no sé quién es más importante: ¿quién te da alas o quien te enseña a usarlas? Porque nadie mereció antes el riesgo hasta que apareciste tú.

Idealizado

Tenemos todo tan idealizado que luego nos decepcionamos solos, porque nunca fue lo que pensamos, siempre es lo que nos pasa, y no nos damos por enterados. No importa cuántas veces lo imagines, no va a salir así, y aun así, no significa que tenga que salir peor. Estoy harto de repetir que atraemos lo que queremos, lo que deseamos. Será por eso que siempre te encuentro a ti. Me cruzo contigo por la mañana después de soñar contigo por la noche, me cruzo contigo y me cambias el día. Eres el mejor cambio posible, eres la dirección que quiero tomar, eres el rumbo que quiero perder contigo. Porque, como te digo siempre, para qué voy a querer más si te tengo a ti.

Bajarte

Voy a bajarte todas las lunas para ponértelas debajo del brazo si sigues cantando a Quique. Voy a darte más de medianoche si me pones otra vez a Andrés en el coche. Voy a estar contigo si me sigues mandando notas de voz en las que suena Sabina. Porque sé que te gusta entenderme con las frases de las canciones y que te replique con las mías. Que tienes esa forma especial de mejorarme los días. Que tienes esa forma de hacer las cosas a tu manera que no hay otra igual. Cada uno que se equivoque como quiera y que tú ojalá te sigas equivocando conmigo, que con una vez que nos salga bien, seremos acierto. Tú sigue haciendo todo lo que haces, que yo, si estás tú, no necesito nada más.

Libres

A las personas hay que quererlas libres, y que se quieran quedar, y que quieran irse y volver. Es la única manera de que funcione. Que sí, que a veces necesitamos que alguien nos diga que va a estar ahí mañana por la mañana, aunque no se lo preguntemos, que nos diga que todo lo que quiere es un poco de nuestro tiempo, que somos juntos el lugar perfecto. Porque los malos tiempos son todo lo que pasa cuando no nos vemos, y los buenos cuando lo hacemos. Lo bueno es lo que pasa cuando no estás lejos, cuando nos perdemos, cuando te repito que somos el uno para el otro el mejor momento, cuando me repites que no son los momentos, que lo importante son las personas con las que los vives.

Queremos cosas nuevas

Queremos cosas nuevas y personas diferentes, pero seguimos haciendo lo mismo y yendo a los mismos sitios, y así no se puede. No podemos esperar a que llegue todo lo que queremos sin más. Nadie conquistó a nadie sentado. Al final es luchar, luchar y luchar, pero por algo en lo que crees. Y no parar, y si nos equivocamos y esto no es para nosotros, pues a por otra cosa. Hay que mantenerse ocupados. No es tan importante cuántas veces aciertes, sino cuántas veces consigas lo que te propones. Tenemos que ser felices sin preguntar por qué, o por quién, porque ojalá que salga de nosotros, que sea cosa nuestra. Y, a partir de ahí, incluir en nuestra felicidad a los demás, y compartirla con quién quieres, y con quién se la merezca.

Propuesta

Te propongo que nos quedemos todo el día despiertos en la cama, huyendo del frío mortal de la rutina de lo cotidiano para dejar de preocuparnos de las cosas que nos rayan y ocuparnos de nosotros. Si quieres, yo voy a la cocina a por chocolate para que rinda por mí cuando necesite un descanso, que tú eres la chica insaciable, o digo incansable, o digo invencible. Podemos poner una peli de esas malas para que no me duela nada cuando no me la dejes ver, cuando me tapes la pantalla con tu pelo, cuando quieras que no dejemos ningún hueco. Será mejor cuando te quedes dormida y yo despierto, mirándote cumpliendo sueños. Esa es la vida que quiero. Porque lo bonito es perder la cabeza poco a poco, por y con alguien. Y si tú quieres, siempre podemos. Si quieres, nos ponemos el incendio mientras damos vueltas en la cama. Si quieres, empezamos en otoño y seguimos en invierno…

Propuesta II

Pero si no puedes quedarte todo el día en la cama, te diré que no puedo evitar sonreír al verte rayada por la luz que traspasa las persianas, con media cacha al aire y yo tapándote la otra con la mano. No puedo evitar las ganas de despertarte comiéndote a besos, que tienes que madrugar, y aunque prefiero que te quedes aquí, tienes a muchas personas que arreglar, y yo sé que no hay que dejar de luchar por quien te quita las penas. Y te levantas flotando hasta la ducha y me echas una de esas miradas de «no quiero hacerlo sin ti», y voy a sabiendas de que vas a llegar tarde. Y te acabo secando el pelo porque si no, no te da tiempo, y no se nos dan acabados los besos en las despedidas, y nos repetimos que te tienes que ir, que nos vemos luego y ojalá ya fuera luego. Y te vas, chica de mis ojos, o mejor digo de mis ojeras, de mis madrugones, que por ti me despierto hasta cuando no tengo que madrugar. Por ti me quedo, aunque sea despierto, aunque sea sin aliento, lo que sea, pero por ti.

No es no fallar nunca

Vuelvo a repetir que nadie nos puede echar la culpa de no saber hacerlo mejor, que todo lo que empieza se termina, que las únicas promesas que existen son las que se cumplen. Nadie nos puede decir que la culpa es nuestra cuando somos dos. Que dos no se pueden querer si uno no quiere, que uno no puede querer por dos. No podemos jugárnosla a que mañana irá mejor porque es verdad eso que dice Pablo Moro de que el futuro no es un lugar seguro, y no sabemos ni siquiera quiénes vamos a ser mañana. Por eso, entonces, no tengas miedo: lo que tenga que ser será. Vale más ser valiente que invencible. Y al final, la única regla que podemos seguir para no sentirnos tan mal, cuando todo haya salido fatal, no es no fallar nunca, es no fallar a quién no te falla.

Beber sin ti

La verdad es que nunca he olvidado el camino de vuelta a casa, ni la sensación de estar en ella, ni me he perdido intentando llegar. Porque da igual las vueltas que des, tu cabeza siempre te va a seguir llevando al lugar donde te sientes seguro. Esto es sobrevivir, o sobrevivirte. Yo ya sé dónde está casa, pero por si tú sigues teniendo dudas de venir, tengo un par de botellas de ron para compartir, y sé que a ti no te gusta beber sola, y sabes que a mí no me gusta beber sin ti.

Tenías la sonrisa, te faltaba la felicidad

Tenías la sonrisa, pero te faltaba la felicidad. Y ahora me dirás que no se puede tener todo, que somos lo que somos, que no hay que buscar más. Y yo te diré que te sigue faltando el arriesgarte, el «puedo» cuando es «quiero», los «no hay distancias que nos ganen». Yo te voy a decir las cosas cuando duelen porque es cuando hay que decirlas, porque lo que no cura sí que duele, y lo que cura pica. Y voy a hacer que te piques conmigo todas las veces que te tengas que curar. Voy a sabotear los días en que estés mal, porque les voy a dar a todos la vuelta. Voy a buscar cualquier excusa para que te vayas feliz cada noche a la cama, aunque no sea conmigo. Porque yo tengo claro que eres tú, pero no sé si tú lo tienes tan claro, y yo siempre fui de dar aunque no reciba nada a cambio, y aun así yo no te cambio.

No quiero ser una persona normal

Yo no quiero ser una persona normal. Yo no quiero tenerlo todo claro. No quiero saber qué va a pasar mañana. No quiero cumplir unos requisitos para ser como el resto: no quiero ser todos los demás. No quiero ser de esa «clase» de chicos. No quiero parecerme a nadie, pero, ojo, que tampoco quiero ser el mejor en nada; yo no compito, como mucho lo hago contra mí mismo, y no siempre gano. Yo quiero vivir mi vida, y compartirla con quién sepa disfrutarla de verdad. Quiero tener a alguna persona al lado que me deje levantarla cuando todo vaya mal, pero que pueda levantarse sola. Yo solo quiero trabajar para vivir; no busco el éxito, porque ese éxito no es algo que te den los demás, es algo que tienes que sentir tú mismo. No necesito que lo que a mí me gusta le tenga que gustar al resto de las personas; es más, prefiero que me guste algo que no conozca mucha gente y que sea como mi secreto, y ver la cara de felicidad en la gente a la que se lo enseño. Solo quiero disfrutar de lo que hago, o incluso disfrutar de no hacer nada. Y si no disfruto, que sea por mi culpa, por mis decisiones, no por culpa de ninguna otra persona. Yo odiaría convertirme en una persona normal.

Hay chicas

Hay chicas con las que te imaginas una noche y chicas con las que te imaginas una vida, y chicas con las que te imaginas todas las noches de una vida. Y ahí estás tú, que eres la más guapa de esta ciudad y ni siquiera eres de ella. Que las sonrisas que me provocas dicen más de ti que de mí, que haces siempre lo que te apetece y lo que te da la gana, que siempre fuiste tú hasta cuando pensabas que no lo eras. Y yo solo quiero que no me hagas volver a casa, pero que sienta que contigo estoy en ella todo el rato. Y ahora solo hay chicas con las que no me imagino ni una noche ni una vida… y tú, con quién lo quiero todo.

Tú me encantas

No me gusta nada cuando me despiertas por las mañanas sin haberme dejado dormir en toda la noche, cuando hablamos y me cortas cada 3 palabras, cuando me muerdes los labios con rabia. No me gusta nada que vivas la vida con prisas, que algunos días te falte la sonrisa, que seas tan negativa. No me gusta nada la distancia, pero por suerte la haces más corta cada día. No me gusta nada que no estés ahora mismo aquí, compartiendo el tiempo y la cama. No me gusta nada que me gustes tanto, con estas extrañas ganas de quererte todo el rato. No me gusta nada…, pero tú me encantas.

Ella es así

Me están persiguiendo todos los putos momentos que pasamos juntos. Si te fuiste tú, dime por qué cojones no se fueron contigo. Me vas a seguir recordando que te pedí muchas más veces que te quedaras, que no que te fueras (y que aún, encima, siempre añadía un «conmigo»); me vas a seguir olvidando. Porque, vamos a ver, si te vas, llévatelo todo. Yo no quiero nada aquí que no se quiera quedar conmigo. Tú es que eres así: te vas siempre que te quieren demasiado. Yo en la vida dije que tuviera un plan ni que íbamos a estar juntos siempre, pero siempre dije que iba a intentarlo; que, mientras me quedara algo dentro, lo iba a sacar a fuera, que teníamos que ser sinceros, sobre todo cuando las cosas empezaran a ir mal. Porque consigues que todos los que se preocupan por ti, se alejen. Que descuidas a todos los que te cuidan, que eres una egoísta y aun así la culpa es mía; la culpa es mía por ir hasta el fin del mundo para intentar traer de vuelta a alguien que quiere seguir muerta.

Somos el cambio que queremos

No quiero ser una puta rutina, ser predecible, dejar de tener la capacidad de sorprender a cualquier persona, y mucho menos a mí. No quiero que sea todo siempre igual. No quiero que se me repitan los días. Tengo fobia a que se pase el tiempo y piense que no he hecho nada. Porque lo que somos ahora mismo, en este momento, no lo vamos a volver a ser nunca, y no quiero desaprovecharlo. Y no es que rechace todo tipo de rutinas, las hay que te hacen mejor, pero hay que tener el control sobre ellas y hacerlas diferentes, como verte todos los días y que sea distinto casi siempre. Pero, bueno, por las noches todo parece peor y es porque lo vemos como un acabar o perder un día y no como empezar otro nuevo; al final somos el cambio que queremos.

Reírse es vida

Reírse es vida, y hacer reír es dar vida; es hacer que los demás saquen lo que llevan dentro, hacer que se olviden de todo lo que les pasa, y de lo que no; es crear otro mundo en un momento. Si alguien te hace reír, te va a gustar, sea de donde sea, hable el idioma que hable, sea del mundo que quiera. Es la manera más fácil de entenderse porque, cuando dos personas se quieren entender, lo van a acabar haciendo. Y qué mejor manera que a carcajadas. Y tú… tienes una risa que lo cura todo, que arregla cualquier día, que hace que me acuerde de cada noche. Y ahora que estás aquí, quiero reírme contigo toda la vida.

Tardamos

Tardamos en encontrarnos y lo primero que quisimos hacer, al hacerlo, fue escaparnos; fue huir del acierto por si se volvía error; fue no intentarlo para no tener que pedir perdón, para que no nos volvieran a decir «lo siento», para que no nos doliera nadie más en el corazón. Tratamos de evitarlo a toda costa, nos autoconvencíamos de que no éramos para tanto, que tampoco nos pensábamos tanto, que no pasaría nada si no lo intentábamos. Pero cada día pasaba y los cubatas eran más cargados y nos llamamos ya antes de las 4 de la mañana y empezábamos con los «sálvame esta noche» y los «ven a buscarme» y los «que no se entere nadie porque esto es nuestro y, mientras solo sea nuestro, será». Y empezamos a hacernos más felices, y tú ya no quisiste huir, y yo me quedaba todas las noches que quisieras a tu lado, y decías que eras más feliz, y yo ya no tenía que decir nada. Porque no solo es llegar, también es quedarse.

Que seas

Sonríes y me arriesgo a todo y cambio todos mis planes para incluirte a ti, para que te quedes a vivir, para que te quedes a sentir, para que se nos vuelva a hacer de día cada noche y cada día de noche, para dar todas las vueltas debajo de las sábanas que sean necesarias para solucionar nuestro mundo, para que nos empiece a salir bien juntos todo lo que nos sale mal separados; porque si no lo hacemos ahora, no lo vamos a hacer nunca, porque hay que intentarlo aunque pensemos que no podemos, porque ojalá que siempre seas lo último que me pasa por las noches, que seas todas las noches que me pasan.

A ti

A ti, que creíste en mí cuando yo no creía en nada, que sigues sonriendo cada vez que me doy vuelta atrás en las despedidas para abrazarte por la espalda, que cuidas de mi lado de la cama. A ti, que esperas más de mí que lo que doy y, sin embargo, nunca me lo echas en cara, que te pasas el día diciéndome que ya veré lo bien que voy a estar mañana cuando me entran los delirios de nostalgia. A ti, que ves en mí lo que quiero ser de verdad, que disfrutas viendo cómo me las ingenio para escribirte a las 7 de la mañana que ya llegué a casa, que ojalá estuvieras tú, que me voy a desmayar y que vengas para despertarme contigo. Que no hay una chica como tú en ningún sitio en el que me encuentre, que me encuentras en cualquier sitio en el que vaya a perderme, que me curas las noches con tus «¿aún no duermes?». A ti, porque eres tú y no hay ninguna igual.

Cada vez

No sé qué pasa: cada vez que me hablas, te hablo; cada vez que te hablo, me hablas; cada vez que no te hablo, me hablas; y cada vez que no me hablas, te hablo. Y es que tenemos lo justo en común y nos conformamos con hablar de cualquier tontería para pasar el día. Que te prometo miles de carreras a tú lado o tirando de ti, como prefieras, que me debes 3 cenas, 4 chupitos y las noches que quieras. Tengo el impulso de sugerirte cada cosa que me gusta, cada libro, cada peli, cada canción para que cuando los leas, veas o escuches, te acuerdes de mí. Es un poco egoísta por mi parte, pero sé que tú haces exactamente lo mismo. Y me encanta. Me da miedo que estemos tan lejos que el próximo paso sea ya estar lejos, pero, como dices tú, a ser valientes no nos gana nadie. A ser valiente contigo, no me gana nadie. A estar a tú lado, no me gana nadie. A hacerte feliz, no me gana nadie.

Apartarme

No te voy a volver a preguntar si vas a volver. No voy a pensar más qué será de ti sin mí, imaginándote más guapa y espero que más feliz. Porque fui yo quien lo elegí: te cambie desastres conmigo por futuros con otros. Y ahora me tocará sobrevivir a otras 6 vidas sin ti. Porque soy un puto desastre, y no puedo rozarte más. Ahora ya prefiero dispararme a que tú lo pases mal, prefiero no mirarte a que nos empecemos a gritar, prefiero estar distante a que tú vuelvas a llorar. Porque te quiero lo bastante para saberme apartar. A veces nos dolemos cuando solos nos queremos querer; no siempre es cierto el siempre donde estés. Y aunque yo también quería una vida a tu lado, me conformé con un verano contigo acostado. Y no tiene que salir siempre todo bien, no todo tiene un porqué. Y lo mejor de todo es que fue y no hay que dejar de pensar que siempre volverá a ser, aunque cambie el con quién.

Nadie

Aún tengo un montón de rutinas que te echan de menos, porque ahora, que casi nunca te veo, no te paro de recordar. Ahora, que ya casi nunca entro en los buses mirando a todos lados para ver si te encuentro; ahora, que ya no te confundo con todas por la calle; ahora, que ya no las beso mientras te imagino a ti. Ahora, que casi nadie me dice «te quiero», me parecería una falta de respeto pedirte que vuelvas; porque no es un estar con alguien para llenar el hueco que alguien te dejó, es estar con alguien para que te llene los huecos a los que nadie te llegó. Que lo mismo, repetido, sigue siendo ausencia, y yo ya no quiero beber por ninguna que no seas tú. No es encontrar a alguien para olvidar a otra persona, es superar a alguien y encontrar a otra lo suficientemente buena como para que te haga no pensar en nadie.

Apagas

Nos quedan un par de horas más de estar tirados. Llueve afuera y aquí hay espacio para los dos. Tengo el brazo dormido de tanto sostenerte en sueños. Tengo los sueños llenos de sostenerte a ti. Yo soy feliz aquí contigo, pero si quieres, nos ponemos algo y vamos a algún bar y hacemos que la siguiente canción que suene sea la nuestra; o, si lo prefieres, nos quitamos algo y nos ponemos a bailar. Al final vamos a demostrar eso de que hay que quedarse con quien te demuestra que no se va marchar cuando las cosas se pongan mal. Al final apagas las luces y me abrazas, y susurras que no necesitas más.

Piedras

Nos centramos más en las cosas malas que nos pasan, aunque sean menos, que en las buenas, y así no nos damos cuenta de cómo estamos realmente. No podemos ordenar un año en un día, pero somos así: somos un «ya» constante y lo queremos todo, y lo queremos ahora. Y no podemos tener todo, todo el rato, ni estar bien siempre, pero sí que podemos aprender a llevarlo cuando no estamos tan bien, a superarlo, y a volver. Que sí, no es cuántas veces te caigas, es cuántas te levantas, y en cada piedra que me tropiece va a haber un cachito que me recuerde a ti, para decirme otra vez que tirar para adelante es innato.

Ahora mismo me quedo contigo

Ahora que estamos en condiciones de decirle que se joda al reloj, de hacernos días felices, de no tener que pedir perdón. Ahora que no quiero vivir sin ti, y que puedo vivir contigo, voy a vivir siempre el presente y no dejar de mirar al futuro en tus ojos, porque siempre eres tú, siempre eres tú o ninguna. Y ahora mismo, si tú no estuvieras, yo estaría solo, no escribiría a nadie de vuelta a casa, no diría «te echo de menos» de madrugada. Ahora mismo soy yo mismo contigo y, aunque pueda, no quiero serlo solo; ahora que coincidimos, vamos a pedirle prestado días al otoño y a alargar el verano. Ahora mismo me quedo contigo.

Atrévete

Hay cosas o personas que siempre estuvieron ahí, pero no las vimos a tiempo, o no las quisimos ver. Y esperar es perder vida y perder oportunidades, y no podemos volver a dejar que pase o, mejor dicho, que no pase. Y no es tanto el cumplir sueños como el vivir realidades, no es tanto pensarte a cada rato como abrazarte a veces; no es tanto, no, es mucho más. Y estás amenazando con romperme todas las rutinas, con hacerme olvidar todo lo que me preocupa, y ya sabes que a mí, si me amenazas, vas a tener que llevarlo a acabo. Y vuelves, y me amenazas con que me vas a hacer feliz, y a mí se me escapa un «atrévete».

Me odias

Hay besos que se dan por instinto y otros, por sentimiento. Y yo siempre quise besarte por lo segundo. Yo siempre quise que los besos supieran a algo, que significaran algo, aunque no tuvieran motivos; que supieras diferenciar los besos de bienvenida de los de despedida, los de «ya no puedo más» de los de «puedes con todo», los de «quédate» de los de «te he echado de menos». Yo siempre miraba a todo el mundo, pero solo me fijaba en ti porque, si te vas, no queda nada. Y te fuiste. Porque yo lo quería todo, pero sobre todo a ti, y no quería que supieran cuánto. Y ahora, dime: cómo me vas a querer si ni siquiera me odias.

Dormir

Ni se puede ser siempre fuerte ni se puede dejar de echar de menos. No podemos evitar seguir viendo a quien ya no vemos. Voy a dormir, a ver si es verdad eso de que lo cura todo; a ver si es verdad eso de que las personas nos rompemos.

Me arriesgo

Me salen los nervios por las manos cada vez que intento abordarte por la espalda, ondear mi bandera a besos por tu cuello, bajarte los pantalones de las ganas, raptarte una noche para que quieras quedarte diez más, tenerte cuando quieras sin querer. Y si tengo que aceptar que esta es la vida que me toca, que me toque estar contigo, que me toques al estar conmigo, que nos toque la suerte de estar juntos. Porque hay personas por las que se corren todos los riesgos, y yo por ti me la juego. Yo por ti me arriesgo.

Lanzarnos

No sé si te acuerdas de la noche en que casi me quedo a vivir en tu espalda, en las canciones desafinadas entre dientes, en los besos de ron que nos quedaron pendientes. No sé si te acuerdas de la noche en que tuvimos todo el tiempo para lanzarnos, pero saltamos al precipicio de besarnos los labios solo en la despedida. Es como en la vida: siempre esperamos hasta el último momento para hacer lo que queremos. Y no, hay que hacerlo cuando se empieza a sentir. Ojalá nos hubiéramos besado antes, ojalá hubiéramos dormido menos. Y aun así no cambia nada. Que tú fuiste lo mejor de mi verano: la noche más larga, mi lado preferido de la cama. Ojalá volvieras a estar mañana.

Plan

Parece un plan perfecto: irme contigo y volver, y volver a irme contigo. Hasta parece fácil. Y parece que va a empezar todo, pero que, mientras no pasa, tenemos que ir haciendo otras cosas porque la vida no tiene un botón de pasar rápido etapas. Y supongo que tenemos que disfrutar de todo el camino. Y tengo toda la noche de ayer borrosa, pero tu sonrisa la recuerdo doble. Y no quiero olvidarme de ella. Y ven, que te voy a enseñar las ganas que te tengo cuando estoy sin ti. Y ven, que voy a enseñarte las ganas que tengo de no dejarte dormir.

No quiero

Que nadie pueda hacerte cambiar, ser quien no quieres ser, ni estar donde no quieres estar. Que nadie sea tus problemas si no lo eliges, que nadie te elija sin querer ser. Que no nos volvamos a ir con alguien con quién no nos queramos quedar, que no nos quedemos con nadie con quién no queramos volver. No hay que tener miedo al después, porque seguro que llegará algo mejor y, si no llega, no pasa nada; la mejor decisión siempre es quedarse con uno mismo. No hay que querer por querer: hay que querer por sentir. Y yo siento que ya no quiero esto más.

Tú tan...

Yo espero a que tú llegues y tú llegas cuando menos me lo espero. Yo te hablo cuando pienso en ti y tú me hablas cuando ya no me acuerdo. Yo soy de chicas de una vida que duran una noche; y tú, de chicos de una noche que duran una vida. Tú miras demasiado hacia atrás; y yo, demasiado a los lados. Yo te miro como si aún no hubiera acabado; y tú, como si todavía no hubiera empezado. Yo soy de recomendarte películas y canciones a las 5 de la mañana; y tú, de mandármelas a las 11. Yo soy muy de «no sé qué hago bebiendo sin ti»; y tú, de «no sé qué hago bebiendo sola». Yo, tan «mañana nos vemos»; y tú, tan «quédate a dormir». Yo prometiendo futuros y tú curándome el presente. Yo tan «lo peor es que no me pase nada» y a ti que te pasa de todo. Tú tan «me voy» y yo tan «vuelve».

Que lo bueno...

Que lo bueno no cambie, que lo malo se acabe, que sepas mis dos siguientes palabras, pero que la tercera te sorprenda, que me reconozcas sin verme la cara, sin escucharme la voz, que lo hagas por lo que soy, no por cuando estoy, que me conozcas por ti. Que seamos la próxima vez el uno del otro, la siguiente noche en vela, compartir el siguiente insomnio, que seamos nuestra siguiente pelea, y la reconciliación. Que seamos la rabia y las ganas de acabar el uno con el otro, y acabar con todas las historias que cuentan otros. Que seamos, que queramos ser, que queramos estar el uno con el otro, y no sin él. Que no muramos de las ganas, que nos matemos con ellas y que nos metamos en una habitación para mejorarnos la vida. Que lo bueno no cambie, que yo a ti no te cambio por nada.

Si me hubieras dicho...

Si me hubieras dicho a cualquier hora de cualquier día que me fuera contigo, me habría ido. Pero tenías que decírmelo, tenías que decirme que ibas a estar aquí para que no nos echáramos más de menos, para que fuéramos un futuro perfecto y no un pasado, para que estuviéramos presentes las noches en las que somos todo lo que esperábamos. Yo solo quería que no nos faltáramos, que tuviéramos las ganas de quedarnos y de irnos el uno con el otro, de acompañarnos y no de perseguirnos. Porque casi hay que ser más valiente para quedarse que para irse. Casi lo fuimos todo. Al final somos todo lo que no decimos, lo que pasó y un poco lo que no, y no puedes decirle a nadie que vuelva cuando el que se largó fuiste tú.

El ron no sabe

Voy a empezar por decir que las noches no son lo mismo; que desde que tú, no miro a nadie como si no hubiera nadie más; que desde que yo sin ti, estoy un poco más yo sin mí. Que hay días en los que no me entiendo, y no estás aquí para traducirme, para decirme que todo va a ir bien, aunque no vaya, que todos se van a ir menos tú. Y nada, solo quería decirte que el ron no sabe estar sin ti, y que yo tampoco.

Miniplural

Nunca besabas a la primera. Solo querías a alguien que te desafiara, que se jugara el corazón igual que tú. Y si ganaba, el premio era una porción de todas esas cosas que no podías dar, que no podías dar porque no querías de verdad. Siempre te costó soltar lo que sentías por temor al «yo no». Y tú, que te hablan y los ignoras, les dices que busquen a otra, que tú eres algo más. Y sí, tú lo eres todo, todas esas cosas que saben a empezar, eres única en las fotos a mi lado al despertarte: tú eres mi plural. Y nadie queda mejor que tú y que yo juntos en una foto, y no vamos a pasar otro verano conociendo a unos completos extraños, y no me vas a negar que tienes esa mitad que se moría por encontrarnos. Ojalá que nunca dejes de desvestir mis sonrisas.

Macarrones

Cada vez las noches pasan más deprisa, y no es un «no querer soñar», es un «me dan vértigo los mañana». Nunca es mal momento para comer macarrones, aunque sean las 4 y media de la mañana; sobre todo si es esa hora. Intentamos curarnos los arañazos de otros con arañazos de otras personas y no, no hay que elegir el segundo plato sin haber acabado con el primero.

Despertar

Casi nunca estamos de acuerdo en «casi siempres». Que no es cambiar por alguien, que es evolucionar con él. Que es mejor sentir y estar que esperar a dejar huellas. Tienes un mapa perfecto en la espalda donde perderse, donde quedarnos a veces, cuando no queremos que nada nos estrese. Voy a romperte la rutina a abrazos, a besarte fuerte, a estar menos sin ti, a verte más conmigo, a no dejarte dormir por las noches, solo por las mañanas. Despertarme y pensar que, de verdad, juntos hemos tenido suerte.

LAS NOCHES SON

Tenemos miedo a aferrarnos al momento, a sentir que no sentimos nada, a no estar igual al volver. Y, siempre que se acaba algo, nos da miedo no ser capaces de volver a ser tan felices como antes. Pero es que si no lo intentas, no lo vas a conseguir. Y me lo dices tú, que tienes unos ojos que se ven en cualquier oscuridad, que te falta un mordisco para comerte el mundo. Que lucho contra el vértigo de verte volar por si te caes y no llego a tiempo a salvarte, pero nunca te prohibiría hacerlo. Las noches son de la persona en la que piensas cuando no te acuerdas de nada. Y yo no puedo dejar de pensar en ti.

LO QUE CURA

Estoy de un «y amanece que no es poco» que no puedo conmigo. Echo de menos Coruñas contigo, tener miedo a que amanezca, tenerte conmigo. Al final va a ser un verano para olvidar una noche, y no va a llegar, no se puede olvidar lo que cura, ni a quien lo hace. Y no es necesidad, son «ojalá vuelvas a no dejarme dormir». Estoy de un «y no amanece en tu espalda» que no puedo conmigo.

Debería tenerme prohibido

Da igual donde estés, porque te tengo siempre cerca, pero si llega un momento en que no puedes con estás ganas de sentirnos pegados, voy a por ti. Ya sé que no necesitamos a nadie, y eso es lo mejor, que sin necesitarnos queremos estar juntos. No quiero que vivamos pendientes de lo que quiere el otro, quiero que cada uno hagamos lo que queremos, y si nos queremos, nos aceptaremos. Que nunca fue cuestión de tener, sino de sentir, y siempre siento que estás y es lo único que quiero. No hay que querer tener, hay que querer y sentir. Y aun así, debería tenerme prohibido irme a la cama sin ti.

Si tú estás

Ya sé de sobra eso de Joaquín de que «al sitio donde has sido feliz no debieras tratar de volver», pero ya sabes también que a todos los sitios que dije que no iba a volver, volví. Y me pasa lo mismo con las personas. Y no, no podemos querer más de memoria, no podemos seguir perdiéndonos en querer los recuerdos que tenemos de alguien en vez de a esa persona. No sé si el amor es física o es química, pero lo que creo de verdad es que es presencia, y cada vez es más complicado querer a alguien que no está. Solo quiero querer a alguien que esté conmigo, y no tanto en mi cabeza como en mi cama. Porque si tú estás, yo no me voy a ir a ningún lado.

Ella es de sonrisa fácil

Ella es de sonrisa fácil y nunca para quieta, y siempre llega, aunque sea tarde. No duerme mucho, y no porque no quiera; dice que la vida es todo lo que le pasa cuando está despierta. Yo siempre quise dormir 100 noches seguidas con ella, pero me conformaba con una. Siempre le digo que, si no somos lo que queremos ser, no somos. Y solo buscamos encontrarnos por el mundo, no seguirnos nunca el uno al otro, cruzar nuestros caminos mientras cada uno es lo que quiere ser y luego, cuando lo tengamos claro, seremos lo que queremos ser. Porque al final solo somos queriendo, y nunca sin querer.

Quererme tanto

Nada sale como yo quiero porque no quiero nada de lo que sale de todo esto. Quiero perderme tanto que encuentre a alguien que esté igual de perdida que yo. No quiero seguir ningún camino ni tampoco quiero que nadie me siga a mí. Quiero a alguien que sea tan complicada que parezca que yo soy el fácil. No quiero ir a ningún sitio en el que no me quiera quedar. No quiero que me pida que me quede, porque no me voy a ir. Voy a quererme tanto que hasta ella va a querer quedarse conmigo.

Intenté

Yo intenté salvarte de todas esas cosas que había hecho mal con otras. Intenté que la privacidad del nosotros fuera solo tú y yo, que las noches ya no nos dolieran tanto. Intenté cuidarte y me descuide. Pretendía que fuéramos siempre presente sin estar siempre presentes, que no nos cambiara nada. Yo quería quererte a ti, y no a la idea que tengo de ti, ni a la idea que tienen otros de ti, ni a la idea que tienes tú de ti. Yo solo te quería a ti para mí, pero me jode reconocer que esto no es lo que se quiera, es lo que se sienta, y lo que se siente cambia todo el rato. Y cambiamos en direcciones opuestas, y te descuidé, y las noches me siguen doliendo, y ahora la privacidad del nosotros soy solo yo. Y no pude salvar a ninguno de los dos.

Inevitables, imprescindibles

Quizás solo fuimos inevitables y no imprescindibles. Y lo hicimos todo bien, pero no llegó. A veces no es culpa nuestra que no nos sintamos igual con alguien; que sí, que estar distantes no significa estar distintos, que a veces aún somos los mismos pero en diferente sitio. Pero, como dice Sabina: «Cada vez más tú y cada vez más yo, sin rastro de nosotros». Y lo siento, porque te he sentido mucho y ya no quiero hacerlo mal contigo. Prefiero que te quieran otros a que te duela yo. Y gracias por todo el tiempo en que nos invertimos.

Más fuertes

En los momentos más difíciles es cuando vemos que somos más fuertes de lo que pensamos. Y si alguien no quiere estar al cien por cien contigo, cuanto antes se vaya, mejor. A veces tenemos que desahogarnos con quien no pensamos para que nos den otra forma distinta de ver la vida. Ojalá que todas las sonrisas fueran tan sinceras como la tuya, que con la alegría que eres siempre vas a conseguir lo que quieras. Porque hay dos clases de personas: la gente que se atreve y la gente a la que le da vergüenza. Y tú ya te atreves a que no te dé vergüenza nada. Y ten claro que nada ni nadie va a poder contigo.

Todo es cuestión de verte

Tengo ganas de no salir por la puerta, de volver a quedarme a dormir en tu espalda, de hacer de hoy mañana, de que no nos acabemos, de dejar de esperarnos y reencontrarnos, de volver a intentar sobrevivir en una cama de 90; de no mentirnos en nada, de quitarnos los miedos con abrazos, de hacernos felices sin intentos. Y no busco nada más que a ti, a todo tu tú. No quiero que tengamos que estar tristes para valorar cuándo somos felices, porque todo es cuestión de verte. Porque la persona que te quiere de verdad es la que te habla justo antes de dormirse, y tú eres todas mis buenas noches.

Auto-

Algunas veces nos autometemos en vena malas ideas que hacen que tomemos malas decisiones que nos llevan por caminos equivocados. Porque todo es pensar en que puede ser, en que pueda pasar, y si piensas que puede pasar, es que en tu cabeza pasó y eso ya es bastante. Pero si ya piensas de primeras que no va a pasar, que esto está mal, que es imposible; pues claro que es imposible. Si no pasó en tu cabeza, mucho menos aún en la vida real. Necesitamos más pensamientos positivos, pensamientos creativos, y menos autodestructivos. Si crees que puede pasar, pasará.

Cosas bonitas y tú

Hay cosas bonitas y luego estás tú, que no eres una cosa, pero eres lo más bonito que hay. Que eres así, que sonríes hasta cuando lloras, hasta cuando estás cansada, hasta dormida. Y ojalá que no pierdas las sonrisas, que son bálsamo para mis cicatrices, que son todo lo que necesito para volver a casa. Y vente para tener las mentes y la cama ocupada, para dejar de pensar en lo que no importa, para que importe lo que nos hace no pensar. Eres lo más bonito que hay en mi verano.

Estás tan guapa cuando eres feliz

Estás tan guapa cuando no te quitas el domingo de

encima, cuando te duermes por las mañanas, cuando dices que te voy a sacar los colores y las penas, cuando ganas porque dices que hay que perderse siempre, cuando me dices «abrázame un rato», pero sobre todo cuando lo hago sin que me digas nada; cuando eres todos los amaneceres que quiero cuando quiero todos los amaneceres que eres; cuando planeamos todas las cosas que queremos que nos pasen, cuando nos pasa todo lo que no planeamos cuando nos pasa juntos. Y al final es todo un poco eso: que pase lo que nos pase, estemos juntos. Estás tan guapa cuando eres feliz.

Beber solo contigo

Hoy quería beber hasta desmayarme, pero el ron sabe peor sin ti. Veo las copas medio vacías y estoy harto de tanta gente que no nos mira. Yo no quiero madrugadas entre desconocidos ni que nunca estés en mi habitación. Yo lo quiero todo y no quiero nada. Yo quiero la suerte que me traes en cada canción. Voy a dejar los amaneceres sin ti por anocheceres contigo. Voy a dejar de beber solo para beber solo contigo.

Más noches que días

Todos sabemos que el verano son más noches que días, que es enamorarse en todas partes, y no tiene por qué ser de chicas diferentes. Creo que nos podemos enamorar muchas veces de la misma persona, que el amor solo se transforma, que si se quiere, no hay quien quiera de sobra. Y ella es un montón de canciones que me quedan por descubrir, es un montón de besos que saben a ron, es un montón de arrugas de tanto reír, es un montón de noches que no me deja dormir por hablar de todo lo que importa. Y ya no sé en qué día vivo, pero sé con quién lo vivo, que es lo que importa.

No voy a pedir perdón

No voy a pedir perdón por habernos pasado, porque nos haya pasado, ni porque es pasado. No voy arrepentirme de los besos que he dado, y quizá tampoco de los que no. No voy a echarnos de menos. No voy a beber mucho más. Voy a recordar, pero espero que no demasiado. No, no y no. No puedo ser quien tú quieres que sea y ser quien soy. No puedo elegir entre tú y yo. Porque yo me voy a tener que quedar aquí con el desastre que dejes. Si tengo que quedarme con alguien, me quedo conmigo. Si tengo que morir por alguien, que sea por mí o por quien yo elija sin que me lo pida.

Si me dices que vaya, voy

Eres la única que si me dice en cualquier momento que vaya, voy. La única que hace que los peores tragos sean las mejores copas. Que sin buscar nada, te encontré. A mí se me da genial pensar en todas las cosas que no van a pasar, en vivir lo que nos queda, en beber mucho cuando no y cuando estás. Se me da fatal no ser un desastre, y no el tuyo, y levantarme dejándote dormir. Sí, todos van a lo que van, pero yo voy a por ti. Yo canto contigo en cualquier concierto todas las canciones que quieras. Se me da fatal pensar en mí sin imaginarme contigo, y yo no sé si puedo hacerte feliz, pero prometo no dejar de intentarlo.

Debería tenerme prohibido II

Cada vez que te miro, me recuerdas a mí, a lo que quiero ser y a lo que soy. Y ya sé que es viernes y que nuestra semana empezó ayer, que bebemos para dormir mejor o para no dormir peor separados. La verdad es que vamos poco a poco y, cuando nos queremos dar cuenta, miramos atrás y vemos lo lejos que estamos. Y aparece el vértigo de lo que está por llegar, pero tú siempre sabes estar a la altura y yo, como la canción de Boza, solo quiero estar «a la altura justa de tus ojos». Y sí, debería tenerme prohibido irme a casa sin ti, debería prohibirme volver de cualquier lugar sin ti.

Voy a estar aquí

Debería estar planeando rones fatales contigo, noches suicidas juntos, playas y colchones compartidos. Tendría que estar echándote menos de menos, más de más, más de ti y menos sin. Vuelve cuando tú quieras, pero vuelve. Yo te voy a dejar todas las noches la puerta abierta por si te da miedo estar ahí afuera, porque te llevo siempre dentro, porque tú siempre me dijiste que volviera las noches que quisiera. Yo solo quiero que hagas todo lo que te hace feliz, y después, si quieres, yo voy a estar aquí.

Dos caminos

Pongamos que tienes dos caminos para elegir: uno en el que tienes que luchar, correr, perdonar y pedir perdón, querer, dejar de querer, olvidar y que te olviden, en el que tienes que sudar, gritar, pasarlo bien y pasarlo mal, a veces ser feliz y a veces infeliz; y otro en el que todo sigue igual como hasta ahora, todo siempre normal. ¿Cuál escogerías? A lo mejor solo tenemos un intento para conocer a alguien de verdad y no tenemos ni idea de adónde podemos llegar, ni de cómo va a ser. Porque todos los caminos empiezan con un paso. No hay que dejar de conocer a nadie por miedo o por vergüenza, y no hay que dejar de vivirlo todo por miedo a pasarlo mal.

Encendernos

Podríamos escondernos debajo de las sabanas cuando estemos solos. No por miedo ni por vergüenza, sino por hacer nuestro el momento y no compartirlo ni siquiera con la luz. Podríamos mirarnos como se mira lo que te hace feliz, reírnos antes de despedirnos, decirnos que no tiene que salir bien. Ser sinceros, saber que hay otros mundos, otros labios, y elegir juntar los nuestros. Saber que todo lo que arde se congela, y aun así encendernos cada noche. Podríamos decirnos que nos queremos, pero que hay cosas que hay que decir y otras que vivir, y yo prefiero vivir todo lo que tenga que ver contigo.

No deberíamos empezar nada que no queremos que acabe

A ver, estamos en ese punto en que no queremos que acabe, en que solo somos solos, en que estamos incómodos con el resto de la gente. No podemos estar ni 3 minutos sin picarnos, ni 2 dos sin odiarnos, ni 1 sin perdonarnos. No podemos estar sin jugar a que no somos tan importantes. Que podemos estar con otros, pero no queremos. Nos regalamos el tiempo cada vez que estamos juntos, nos lo pasamos volando, se nos hace corto el luego. Pienso que no deberíamos empezar nada que no queremos que acabe, pero hay personas con las que no puedes no estar.

Me quedo contigo

Adónde pretendemos llegar sin habernos ido si siempre es todo el rato y lo diferente acaba siendo lo mismo, si no creamos mundos en los que perdernos, si no nos perdemos por los mundos que vemos. Adónde vamos a llegar si no queremos, ni sabemos lo que queremos, ni dónde ni cuándo, y mucho peor, ni a quién. Pero yo lo tengo claro y, ahora que lo he visto todo, me quedo contigo.

Querer lo imposible para que sea real

Poco a poco somos mucho, y ya sabes de sobra que eres todos mis «tú», todos mis «ella», todos mis «todo». Eres el lugar más seguro que conozco y la cama en la que más me gusta dormir. No quiero que nos separemos nada ni que nadie nos separe. Me hace más ilusión estar contigo que estar en cualquier otro sitio, porque contigo lo vivo todo, no echo de menos nada. No se me ocurre ninguna otra forma de ser feliz ahora mismo que no te implique a ti, y eso que imaginación no me falta. A veces la realidad supera todos los futuros que inventamos, a veces hay que querer lo imposible para que sea real.

Hay personas que se eligen solas

Lo que es bonito es empezar el verano con quien acabaste el último. Yo ya no sé si eres irremplazable para mí, lo que tengo claro es que eres insuperable y que no va a haber ninguna mejor. Yo no sé si para siempre, pero sí por ahora: no pienso dejarte marchar. Hay que dormir con quién se quiere, y yo te quiero a ti y me da igual despertarme muerto de frío en mitad de la noche si tú me robas la manta. Me da igual despertarme a cualquier hora si estás tú a mi lado. No vamos a confundir un «te quiero» con un «no quiero que te vayas», pero te quiero y no quiero que te vayas. Hay personas que se eligen solas.

La chica imposible

No necesitamos nada más para creer que una persona que nos lo haga creer. Que nos digan que no es tan difícil, aunque lo sea, que le quiten imposibilidad a lo imposible, que nos hagan probable lo improbable. Hay que crear los futuros para que pasen, hay que jugársela con el azar y contra él para que esa chica acabe contigo. No tienes que esperar a que te mire, tienes que crear miradas para que se fije. Hay que luchar por lo que se quiere, y sobre todo por quien se quiere, y no hay que rendirse. Todos los labios se pueden besar, pero hay besos que saben mejor que otros, hay besos que te hacen ser otro. Y así es como tú acabaste conmigo, la chica imposible con el chico que no se da por vencido.

Toda la vida

Yo de mayor quiero estar contigo, quiero que nos lancemos y no nos soltemos, quiero que nos volemos las corazas con deseos. ¿Cuántas veces tienes que volver para saber que no quieres volver a irte? Y yo no quiero que te vayas más, eres la cosa más bonita que tengo en mi vida y ni siquiera eres una cosa. Hay personas que nos duran toda la vida, y tú eres de esas, de esas de las que no hay ninguna igual.

No acabarnos nunca

Tienes que empezar a ahogarme los miedos con los labios, a quererme también los días de diario, a hacerme los domingos más raros. Tenemos que utilizar la adrenalina del estar separados cuando estamos juntos, arriesgarnos a lanzarnos los besos por los aires justo antes de besarnos, estar solos, no necesitarnos, pero no querer estar el uno sin el otro. Eres el deporte de riesgo que más me gusta practicar, eres una tormenta de invierno en pleno junio y hueles a verano. Tenemos que empezar a no acabarnos nunca, tenemos que empezar a conocernos pegados.

Ahora que casi nunca

Ahora que nos miramos y creemos que paramos el tiempo, que nos parecemos menos feos, que sabemos de nuestros defectos, pero no nos los notamos, que tenemos la forma perfecta para estar tirados juntos en cualquier postura, que un beso largo son 5 cortos, que te doy las buenas noches por el día. Ahora que no nos soltamos cuando intentan acabar con nosotros, que podemos con todo, que nos encontramos aunque vayamos por caminos contrarios, que no nos da miedo todo si tenemos una sábana donde meternos para quedarnos a vivir. Ahora, que casi nunca no te quiero, soy más feliz.

Comerte a ti

Dame tantos besos que no me dejes siquiera sonreír, asfíxiame las penas con abrazos, hazme las ojeras que quieras, quítame el sueño y ponte tú. Ten el valor de quererme toda la mañana después de tener miedo de separarnos por la noche, dime que no podemos y haz que pueda. Tienes los ojos llenos de mi presente y no quiero dejar de mirar nunca el ahora. No quiero alejarnos del momento, ni de ti, ni de cada vez que me muerdes el cuello porque dices que te hace feliz. Tú cómete el mundo, que a mí me sobra con comerte a ti.

Eres todo

Vamos a perder las prisas, a vivir de la risa, a hacernos cada vez más de noche de día, a dejar de separarnos del todo, a estar del todo juntos, a no tener más miedo de nosotros, a querernos mucho un poco. Voy a luchar conmigo por ti, a no dejar nunca más que me esperes si no me da tiempo a llegar, a llegar a tiempo cuando hay que luchar. Eres todo lo que quiero a mi lado, debajo y encima. Eres todos los sueños que caben en una noche de verano, eres todo cuando yo no puedo con nada.

Necesitamos

Necesitamos por lo menos a alguien que nos lo ponga gris cuando solo vemos negro. Pero tú me lo pones de todos los colores, me das todas las perspectivas que necesito para entenderlo y el empujón para superarlo. Ya no queda tanto para pensarnos juntos todo el rato, para sobrevivir en tu cama al verano, para juntarnos más de lo que nos separamos.

Te tengo presente, aunque estés a dos lunas de mí, porque te quiero en futuros. Nunca más salgas de casa sin sonreírle al sol y sin espantar todos los nubarrones de mis ojos.

TE VOY A PROPONER

Te voy a proponer que nunca más nos sintamos lejos, aunque lo estemos, que la distancia más larga sea un minuto y medio. Prométeme que vas a llamar siempre que la tristeza embriague tu corazón, cuando me echen más de menos tus manos que tus ojos, cuando me quieras con todas las consecuencias. Te voy a proponer que me traigas el verano, que yo ya tengo calor y demasiada ropa a tu lado, que quiero tus soles en mis labios, que repito que necesito un junio a tu lado. Te voy a proponer que nunca más no nos queramos.

HAY QUE JUGÁRSELA

Hay que jugársela para saber si merece la pena, arriesgarse a que salga todo mal cuando va bien, a no tener miedo nunca más del después, a intentarlo una y otra vez, a no dejarnos para ayer, entender que no es tanto el cómo despertarse, sino con quién. Hay que estar más cerca de lo que nos hace felices, y querer lo que queremos tener. Solo quiero a alguien que me abra todas las puertas para que me vaya, y que las deje abiertas por si quiero volver.

Capaz

¿Y si no lo estamos haciendo tan mal y lo que pasa es que somos demasiado exigentes y nos complicamos para no perder el interés ni las ganas? Dosificamos este «más constante» para cumplirnos los «tal vez». Hacer reales los «ojalás», no dejar nunca de erizarnos la piel. Vamos a querernos a poquito para llegar a querernos mucho. Y no vamos nunca más a agobiarnos con pensar dónde vamos a estar dentro de 3 resacas. Y por eso, cuando me dices «quiéreme siempre», te respondo que siempre hasta mañana.

Feliz entre el caos

No se puede estar con nadie que no sepa si quiere estar contigo. Que tú eres un brillante y precioso caos y no puedes buscar a alguien que lo quiera ordenar, sino a quien quiera quedarse a vivir en él contigo. No podemos querer a cualquier precio. Solo podemos querer lo que no nos pide que demos más de lo que podemos dar. Y no se puede ir a la guerra pensando en que le vas a hacer un bien a alguien mientras mueres tú. Tienes que ser feliz entre tanto caos y, lo más importante, ser sincera contigo. Y después hacer lo que te dé la gana.

Atracción universal

Casi siempre queremos lo que creemos que no podemos

tener, porque se sobrevalora muchísimo. Cuando algo te llega de repente, no le das tanta importancia, porque no te costó conseguirlo, no pusiste todo tu empeño en ello, no te dio quebraderos de cabeza. Por eso me gustan las mujeres complicadas, y ahora ya sabes que tienes un campo de atracción universal y tienes que utilizarlo con cuidado.

No me dejes de elegir

A veces, un poquito es todo lo que necesitamos, un «quédate» sin haber dicho que nos vamos, un beso de bienvenida que nos cierre los labios, un «yo te necesito, pero tú te necesitas mucho más». Tú eres la única fuente de conocimiento infinito que tienes, así que nunca dejes de aprender de ti, de sorprenderte. Y no te preocupes por mí, que a mí me sorprendes siempre. No es lo mismo que se conformen contigo a que te elijan, y tú me haces reír mucho y creo que es de las mejores cosas que le puedes hacer a alguien. Y no quiero que me lo dejes de hacer nunca, no quiero dejar de elegirte nunca, ni que me dejes de elegir.

Seguro

La primera vez que la vi pensé que era la persona que más veces sonreía por segundo del mundo, que le encantaba decir la siguiente palabra antes de acabar la que tenía en la boca, que tenía unos coloretes preciosos en las mejillas, de beber cervezas. Yo bailaba fatal y ella se reía, yo la miraba sin pestañear y ella se reía, yo la intentaba besar y ella me mordía. Estuve toda la noche hablando y escuchando su sonrisa. Partíamos de la base de que éramos lo peor, de que el amor no es un error, de que lo que tarda dura. La primera vez que la vi estuve seguro de que no iba a ser la última.

Prometer

No es tanto el prometer como el saber cumplir, el no decir las cosas que se sienten en voz alta por miedo a que se hagan reales. Creo que a veces hay que equilibrarse con algún desequilibrio y tú eres la sonrisa más desequilibrante de mi vida. Ojalá un «tú conmigo», todo el día, todos los días. Ya no sé qué hacer contigo conmigo, ni conmigo sin ti. Pienso cumplir todas las cosas que nunca te prometí y voy a empezar por hacerte feliz.

Acuérdate de mi boca

A mí me gustas más cuando estás harta de estudiar y con el moño por los suelos, cuando no puedes más y pides 5 minutos de descanso para que vaya, cuando eres más de biblioteca que de habitación, cuando tengo que compartirte con todos esos apuntes en la cama. Porque no te puedo echar más de menos, porque te echo más de menos cuando estás cerca que cuando estás lejos. Porque yo siempre voy a estar ahí para ti, para cuando puedas y quieras un mayo de playas y de nervios y de acortar las distancias para mordernos. Y cuando no sepas por dónde empezar a comerte el mundo, acuérdate de mi boca.

BESARTE COMO LA PRIMERA VEZ

El problema es que tenemos una forma absurda de querer hacer lo que no hacemos y hacer lo que no queremos. Que echamos de menos más lo que nos duele que lo que nos llena o nos llenó. Que no es lo mismo comer cuando estás hambriento que comer cuando no tienes hambre. Que no es lo mismo besar por besar que besar a alguien del que estás enamorado. No es lo mismo follar con ganas que follar sin ganas .Y sí, al final todo depende de las ganas, porque lo que hace especial un momento son las ganas, el saber que va a ser único, que no vas a poder volverlo a vivir. Es el besarte como la primera vez aunque ya llevemos diez mil.

EMPIEZAN EN TI

Tienes eso en los ojos que dice que lo cambias todo, que le das una puñalada mortal a la rutina, que nunca nos acabamos del todo. Que te encanta el poco a poco y el no saber qué va a pasar después. Y yo nunca quiero saber nada que no sea saber a ti. Que se nos haga por la mañana porque se nos hizo tarde la noche y pronto a nosotros. Que tengamos fobia a todas esas despedidas que no quieren que te quedes, a todos esos besos que no llevan a otro beso más, a todas esas cosas que no acaban contigo, que empiezan en ti.

Abrazo

Me desespera el tiempo en que no llegas, el pestañeo de las dudas cuando pesan, la distancia que hay entre mis manos y tus caderas. Podría llevar encima todo lo que te cuesta, porque te quiero sin todas esas penas, pero hasta te quiero con ellas. Me da igual cómo seas mientras seas tú, me da igual cómo quieras mientras me quieras a mí. A ver cuándo llegas, o voy yo hasta allí. A ver, que te abrazo cuando no sepas adónde ir.

Ojalá tú aquí

Te recuerdo que aunque muchas veces no me dé cuenta, siempre que estamos juntos, llego a la cama y no me puedo sentir con más suerte. Siempre me salvas de todo, sobre todo de mí. Que no sé si te das cuenta de que ya te miro con mis ojos de «no hay otra igual», porque no sé si cada vez te quiero un poco más en serio o un poco más de broma. Ya no me acuerdo de cómo quise antes, pero sé que no así. Vuelvo a repetir por noche número mil que ojalá estuvieras ahora a mi lado, ojalá tú aquí.

El trayecto

Cuando empiezo a huir, al único lugar al que se me ocurre es a ti. Porque eres la única tempestad que me devuelve la calma, el único lugar de la cama que lo quiero caliente y no frío, la única vuelta a casa borracho. Sin más eres mi ton y son, y siempre que me esperes, voy, pero sobretodo las veces que no me esperes y me necesites. Porque no eres una parada más, ni siquiera la última. Tú eres el trayecto completo, y así es la única manera que se me ocurre de huir.

No se eligen las noches, pero sí con quién

No conozco a nadie que lleve tan bien las resacas, que sujete las cervezas con la mirada perdida, perdiéndome a mí en ella, que haga de una noche cualquiera una noche única, que sea con la única que quiera pasar una noche cualquiera. No sé, me entra la risa cada vez que me dice que me quiere, por eso de que no nos hartamos de decir que no somos nada serio. La única etiqueta que quiero es la que me molesta cada vez que le quito el vestido. La única cosa con la que estoy de acuerdo es que somos una casualidad, una bonita, pero es por ella, no por el destino. No se eligen las noches, pero sí con quién pasarlas, y yo las quiero todas con ella.

Todo lo que somos

Que venga siempre y no se vaya, que me diga que no sea tonto cuando le digo que los martes deberían borrarse de la semana porque nos quiere más tiempo. A veces tenemos que admitir que somos vulnerables para ser más fuertes. Que cuando sea el frágil, ella me diga que me agarra fuerte. Ya la quiero de mentira mucho más de lo que quise a ninguna de verdad, ya soy feliz casi todos los días, ya no es tan difícil que todo salga bien. Todo lo que somos es todo lo que quiero, y te quiero del todo.

¿PARA QUÉ MÁS?

Tengo que decirte que hay demasiados días en los que no me puedo, en los que no nos vemos porque, si me sobro yo, cómo voy a estar contigo. Porque yo solo quiero hacerte feliz, y no triste, y me pongo en cuarentena para que no te roce ni la más mínima gota de tristeza. Que ya sé que tú estás para todo para mí, pero a veces hay que llevar el corazón por dentro. Que ya sé que si me hago trizas, tú me recompones. No necesito nada más para sobrevivir al domingo. Porque yo ya te tengo a ti, ¿para qué más?

CONSECUENCIAS

No hay quien nos pare, quien nos separe cuando nos tenemos, cuando nos sostenemos ante todas las caídas cada vez que nos tropezamos, cuando nos tenemos dentro de la cabeza y no hay quien nos saque. No hay quien se meta en medio, porque si eres tú o el mundo, me quedo contigo. Te quiero, a expensas de que sea mentira y me condenes con olvido. Ojalá que seas todas las consecuencias y las secuelas que me produzca vivir, porque no hay quién te cuide como yo y no hay quién me haga feliz como tú.

Me gustas tú

Me gusta que estés tan guapa, tumbada, el momento en que el único camino de mi vida es tu sonrisa vertical y me lanzo a escalarla… Me gusta cuando encajamos a la perfección, pero sobre todo cuando encajamos a la imperfección. Me gusta la comodidad de estar incómodo y no poder dormirme contigo. Me gusta no ser la historia de siempre, sino la historia de ahora. Me gusta darte besos y que no se me acaben, tenerte tan cerca que el próximo centímetro ya seas tú y no yo. Me gustas tú.

Tengo ganas de tú, conmigo

Tengo ganas de acortar las distancias, de tenernos entre manos, de no salir ni quedarnos malparados, de hacer «de ayer, hoy y de ahora» nuestro momento, de dejar de vivir en el error y que yo acabe siendo tu acierto. Es cierto que tengo más sueños contigo de los que acepto, que tengo más insomnio sin ti de los que recomiendo, que me quedaría más contigo aunque no tuviera tiempo. Tengo ganas de que nos peguemos lo más fuerte que podamos el uno contra el otro. Tengo ganas de devolverte a abril cada vez que nos vemos. Tengo ganas de tú, conmigo.

Ven, y quédate conmigo

Voy a sugerirte que puedes compartirte conmigo, dejarme conocerte palmo a palmo, mirada a mirada, o beso a beso. Dejar atrás todas las cosas que te pasaron, que no te van a volver a pasar; vamos a dejar de escribir historias que ya olvidamos y a vivir la que tenemos en camino. Voy a sugerirte que te quedes conmigo, que no te vayas muy lejos, que vuelvas si te vas; que siempre que no estás hace frío. O si quieres yo te sigo, voy contigo a todos los planes fatales que se te ocurran conmigo, me tiro por todas las curvas con las que me acostumbra tu sonrisa. Si quieres te digo: «Ven y quédate conmigo».

El momento eres tú

Creo que, porque un momento no sea ese momento, no se tiene por qué dejar de buscar el momento. Que lo que pasa a veces se queda todo el rato, y tú no paras de pasarme. Me pasé el tiempo volando desde que te conocí, con vientos a favor y vientos en contra, con las caídas y el disfrute del viento cuando lo cortas. Yo sabía que sí hasta cuando no, nos vi juntos mucho antes de que pasara. Porque al final el momento eres tú en cualquier lugar, en cualquier tiempo, en cualquier punto, y aparte. Conmigo.

Contigo en la cabeza

Llevo todo el día contigo en la cabeza, contigo más adentro que afuera, y ojalá más encima. Llevo todo el día cansado de estar cansado y tú me das fuerzas y me dices que mañana es otro día, y que si quiero, que lo compartimos un poco. Y ya solo quiero planes principios contigo, planes finales contigo, planes fatales contigo. Me gustas sobre todo porque me quieres más cuando estoy cansado y no puedo más, y ahora ya no quiero estar en ningún sitio sin ti.

Contigo o contra ti

Vamos a hacer un trato: vamos a tratar de cuidarnos, a ir todas las veces que nos necesitemos a buscarnos, a creer que nos podemos querer todo el rato, a ponernos y a quitarnos la ropa del alma con sonrisas, a vivir sin las prisas de quién vive a medias la vida, o a vivir días en que las noches son especiales por la compañía; vamos a acompañarnos cuando tengamos miedo de lo que hagamos, a pasar de la incertidumbre de si vas a estar mañana, porque te quedas hoy. Y ahora solo quiero dormir contigo o contra ti.

La noche sin ti

Estar contigo es como ir en un coche que sabes que se va a estrellar y disfrutar de la velocidad, es saltar sin cuerda al vacío y caer de pie. Y hoy estoy que no puedo ni conmigo ni sin ti. Y me estrello las veces que me hagas falta y salto todas las veces que me voy a caer, porque siempre mereces más, y querer es dar hasta lo que no puedes dar. Hay canciones que son tú, y te recuerdo en todas. Estoy muy que no puedo pasar la noche sin ti, y no estoy contigo.

Sol

Desde que sale el sol, estamos de otro humor, oye, y ya solo puedo pensar en playa contigo, en días que no se acaban hasta que tú lo decides, en noches en que se nos hace de día y sonrisas que nos hacen a nosotros. Que calor sea dormir contigo y que no nos coja nunca más el frío, que estar despierto sea lo mismo que estar a tu lado dormido. Y ya solo me queda por decirte que la primavera huele a ti.

Me tienes siempre

A ti te era fácil dejar de pensar, sentir para ver y querer para tener. A mí me era difícil dejar de pensar, tenía que ver para sentir y tener para querer. Yo me iba cada madrugada y tú llegabas. Yo no sabía decir que no y tú no sabías si decir sí. Tú te maleas fácil y yo solo necesito un «venga» para liarme. Yo no busco lo que no tengo y tú buscas en lo que tienes. Y lo que tienes es lo que quieres, y ya sabes que a mí me tienes siempre.

Importa

Siempre hay 5 minutos al día en los que me salvas la vida, en los que me sacas las fuerzas de flaqueza para soportar las fieras garras de la rutina. Y solo me quedan ganas de decirte que no me digas que me cuide más, cuídame. Y hazme mejor para seguir siendo el mismo, deja de rescatarme en potencia y házmelo en acto porque ya sabes que, al fin y al cabo, lo que te importa te importa todo el rato.

Somos mejores cuando estamos juntos

Debería tenerme prohibido irme a la cama sin ti, no darte las noches llenas de mimos, no decirte a todo que sí. Solo me apetece pegarme contra ti y que no nos podamos ir hacia los lados, porque nos quiero tan juntos que no nos podamos ni mover. Porque somos muy de dejar todo a medias y de medianoches y de no tenerlas enteras. Somos muy de hacerlo todo en un momento, esclavos de las prisas de los sentimientos, del semblante cambiante del querer y no tenernos, del tenernos solo cuando nos queremos. Somos muy de ser todo el mundo para el otro, porque somos mejores cuando estamos juntos.

La suerte es mía contigo

Me gustas sin sentido, sin coherencia y sin medida. Me gusta el caos que desatas en tu habitación cada vez que estamos juntos, y el desastre que haces conmigo. Me gusta tener que esperarte y tener que desesperarte cada vez más cerca, cada vez menos lejos y cada vez más tú. Me gusta que no seamos demasiado, ni todo, sino justo lo que necesitamos, porque al final, amor, la suerte es mía contigo.

Las noches son

Quiero que estés conmigo, me da igual si es aquí, allí o en el fin del mundo. Pero no quiero que prefieras estar triste conmigo a contenta con los demás. Te quiero a ratos largos y variados, te quiero a poquitos, te quiero para salvarte del frío mortal que te entra cuando sales de la ducha y no estoy para decirte por las noches que voy a estar por las mañanas, para decirte que no me quedo contigo porque sea lo fácil, sino porque es lo que quiero. Te quiero, aunque a veces no sepa cómo decírtelo ni cómo expresártelo. Porque me di cuenta de que al final las noches son de quien piensa en ti cuando no te ve.

Mil cosas

Leer mi libro favorito, ver *Big Fish,* escuchar a Sabina, cenar un sándwich. Ver por la calle a chicas con gafas de sol en invierno, ver fotos de gente que está harta de estudiar. Reírme de cosas que no entiendo, dormir toda la mañana, dormir toda la tarde, las resacas del domingo, madrugar. Llegar tarde a los sitios, que me hagan esperar, estar solo por las noches, estar solo y borracho por las noches, estar y no ser, ser sin estar. Escribir un «te quiero», tacharlo, escribir un «te odio», y recalcarlo. Ver *You are the Worst,* ver *Girls,* pensar que a todas les gustan los animalitos heridos y entender por qué te gusto yo a ti. Hay mil cosas que no tienen nada que ver contigo, pero que me recuerdan a ti.

Demasiado tarde

Será que ya no llegamos tarde, que ya te cuido hasta los martes, que más vale que se nos haga siempre tarde. Será que no fue nunca, que no aspiramos a siempre, que los besos duran más a oscuras y que siempre tengo uno en los labios para darte. Me encontré tus coordenadas desordenadas entre la ropa de tu cuarto, media estrella lunar que se caía por tu espalda cuando bailabas despeinada creyendo que no te miraba. Me encontré conmigo en mitad de tu sonrisa, y me perdí contigo cada vez que sonaba tu risa. Y ya no sé qué pasó luego, pero ya era demasiado tarde para olvidarme de ti, para no quererte hasta los martes, para no quedarme. En realidad siempre fue demasiado tarde para olvidarte.

La puta costumbre

Tenemos la puta costumbre de pensar en lo que no deberíamos pensar, en ver lo que no deberíamos ver y oír lo que queremos oír. En quedarnos cuando queremos ir a cualquier otra parte, en estar despiertos cuando queremos dormir, en dormir cuando estamos con quien queremos estar despiertos. En perdernos cuando queremos que alguien nos encuentre, y en encontrarnos perdidos cuando estamos con quien queremos que nos encuentre. Y sí, tenemos la puta costumbre de pensar en quien no deberíamos pensar, en ver a quien no deberíamos ver y oír a quien no queremos oír.

Alguien que se quede contigo cuando tú te quieres quedar

Siempre fuimos de canciones tristes, de libros que enganchan y de miradas que se pierden. Siempre fuimos los últimos cuando se trataba de ser los primeros, los primeros cuando se trataba de ser los últimos, y los diferentes cuando teníamos que ser los raros. Tenías el mundo más grande que había visto nunca, y para mí, que nunca fui de quedarme con nadie ni en ningún lado, fue el único sitio donde me quise quedar a vivir. Y a ti no te importó, porque al final siempre hay alguien que entiende a un incomprendido, siempre hay un tonto para una boba, siempre hay un pez que quiere morirse en tu boca. Y es que siempre hay alguien que se queda contigo cuando tú te quieres quedar.

Intentarlo todo

Llevo un rato pensando que te encuentro en todo, sobre todo en las cosas que me pierden y que me hacen pensar. Y es que al fin y al cabo siempre estás ahí, y ya ni me acuerdo de cómo era antes de ti. Aunque me cueste reconocerlo, te diré que eres la jodida pieza más grande del engranaje de mi corazón en estos momentos, y aunque esté oxidado, tú siempre sabes cómo hacer para que gire, porque ya te conoces mis trucos, y ya no sé cómo puedo sorprenderte, solo sé que no puedo dejar de intentarlo. Y es lo que funciona entre nosotros: intentarlo todo para que mañana lo tengamos que volver a hacer. Y no me canso... Acabo de escuchar una canción que decía «You are the best thing in mi life» y, no sé por qué, he pensado en ti.

La vida es ahora

La vida es ahora, no quiero más antes, ni volver a decir que lo peor es el después. Que no volvamos a querer con la memoria, que no volvamos a extrañar los recuerdos, las sensaciones vividas en vez de a las personas. Porque hay veces que estás enamorado de la imagen que tienes de alguien en la cabeza, y no de ella. Que todos los momentos sean el último y el primero, que nos juguemos el corazón en cada gesto, en cada palabra, en cada beso. Y ahora solo contemplo a mí contigo en miles de situaciones diferentes. Eres mi mejor momento.

Noches de marzo

Vienen a por mí las noches de marzo que me recuerdan que no estás y que aun así siempre has estado aquí. Vienen todas a por mí menos tú, porque prefiero congelarme contigo a sentir calor con otras. Y esto no es como cuando algo se ignora y desaparece, que sí, que desde que nos ignoramos al vernos nos creemos que no nos vemos, pero siempre nos hemos mentido fatal el uno al otro, el otro al uno, y cada uno así mismo. Nunca nos damos el último beso por miedo a que no sea el último, a que vengan en cascada un festival de roces, de caricias y de celos. Ya no sé si tenemos demasiado miedo a estar solos o estamos demasiado solos para sentir miedo.

TE QUIERO MUCHO, MUY CERCA

Déjame escapar de la rutina contigo porque todos los buenos momentos están por venir. Cada vez que cometemos un error, más perspectiva tenemos de todo. Y yo me equivoco mucho contigo para verlo todo mejor. Tengo muchas ganas de curarte los inviernos, de acabar con las malas rachas, de recordarte que podemos con todo. Tengo muchas ganas de dormir contigo y de dejar de soñarte tanto. Solo tengo una cosa que decirte: te quiero mucho muy cerca.

HACERLO MAL

Si no te conoces a ti, cómo me vas a conocer a mí. Y si yo no me conozco a mí, cómo te voy a conocer a ti. Aunque no sepas quién vas a ser en el futuro, ojalá que seas más feliz que ahora. Que consigas todo lo que quieras, que quieras conseguirlo todo. Yo creo que voy a empezar por comerme el mundo y después comerte a ti. Primero ser sincero conmigo mismo, ponerme de acuerdo, y luego poner de acuerdo conmigo a ti. No pienso esperar a la primavera, voy a traértela, pero no pienso pensar más en ti, pienso estar contigo. Vamos a hacerlo tan mal que ya verás cómo acaba saliendo bien y al final nos vamos a conocer.

Complicado estar sin ti

Supongo que el truco está en no esperar nada, en decir las cosas cuando son, no cuando ya no ni cuando nada sea igual. No sé qué hacer, pero tampoco estoy haciendo mucho por saberlo. Me suelo quejar demasiado de lo que no puedo controlar y poco de lo que puedo. Me suelo quejar para poder pensar que todo es más fácil. Pero luego me repito eso de que lo bueno nunca fue fácil y que complicado es estar sin ti y empiezo a pensar que todo depende del quién, pero sobre todo del con quién o del con quién no. Y con quien quiero dar vueltas al mundo en un sofá, para solucionarme, es contigo. Y si tú fueras el con quién no, el quién no sería nadie. Si tú no estuvieras, no habría nadie, porque no hay nadie más que tú.

El uno sin el otro

Volvemos al drama del no querer querernos y querernos más que a nadie, a la infinita desventaja de estar enamorados el uno del otro y del uno sin el otro y del otro sin el uno. Volvemos a echarnos de menos por las noches, a echarnos de más por el día, a volver sin irnos, a volver a irnos, a irnos para volver. Volvemos a desear que durmamos solos cada madrugada que dormimos sin el otro, a querer meternos en la misma cama aunque no quepamos, aunque estemos demasiado apretados, aunque nos ahoguemos. Volvemos los dos por el mismo motivo, porque podemos estar el uno sin el otro, pero no queremos.

Destaparnos

Ya no soy el que solía ser y ya no estoy como solía estar. Me dejé las casualidades disfrazadas de "quizás" en medio de la noche. Me dejé en mitad del invierno las ganas de más. Me dejé el querer queriendo y solo quiero dormir para seguir durmiendo. El frío se lleva más por dentro que por fuera y ya no estás para quitarme todo el frío de febrero de dentro. Ya no estás para destaparnos y que me ponga encima para que me coja a mí el frío antes que a ti. Ya no estás para hacerle guerra al reloj y parar el tiempo. Ya no estás y ahora a veces pienso que casi ni estoy yo.

Me echará de menos

Me echará de menos en el momento en que nadie la llame de vuelta a casa borracho para que le espere, cuando tenga colchón para dos y haya un lado de su cama vacío; cuando quiera pelis con mantita y sofá en los días en que nos cuestan las tardes, los días en los que vuelan las noches y nosotros. Tal vez piense en mí cuando en la ducha cante alguna canción que le cantaba antes de dormir, cuando esté harta de todo y no esté yo para decirle por dónde salir; cuando se le esté empeorando la rutina y no el insomnio, cuando tenga la sensación de perderse todo y no del todo. Me echará de menos cuando piense en mí, y lo sé porque es lo mismo que me pasa a mí.

Me dejé el corazón

Dejo atrás el poder querer y el no querer, y el no querer tener y tener. Dejo las palabras que perfuman madrugadas mientras te desviste la aurora, dejo las miradas de complicidad cuando nos hacemos complicados, cuando no nos queremos tanto, cuando estamos juntos y no nos necesitamos. Dejo el amor al uso, y el amor usado, lo que me dolió y lo que no me dolió tanto. Dejo el recuerdo de los besos que nos quedan. Dejo las millones de caricias que no damos. Me dejé el corazón y no me quedan más de recambio.

Lo bonito pasa cuando estás

Lo bonito no es quererse más que nadie, es que quieras tanto que no tengas que comparar. Quererse sin remedio, sin medida, sin medias tintas, siempre con ganas de más. Ya no más malestar, ni estar por estar, ni ser o no ser. Lo bonito es cuando no te entienden, pero te quieren igual, cuando se enfadan porque te echan de menos, porque te echan de menos de verdad. Lo bonito es cuando estamos juntos. Lo bonito pasa cuando estás.

Ojalá que seas lo que quieras

Para estar bien con alguien primero tienes que estar bien contigo, que no te pese el camino, que veamos el final no porque sobrevivimos, sino porque vivimos. Que no pase rápido el tiempo, que hay que disfrutar del cuándo y del cómo y después del quién. Que no tengamos prisa, que las prisas asfixian y el corazón se agobia con poco, que no dejemos que el invierno nos enferme ni que febrero nos hiele. Ojalá que antes de que encuentres a alguien, te encuentres a ti mismo. Ojalá que, seas tú única razón para vivir. Ojalá que seas lo que quieras, que seas quien quieras y que quieras que sea.

Te quise tanto

Te gusta resumir esto con que no éramos de este planeta. Me trajiste a la realidad, pero no a la realidad normal de todos, a nuestra realidad paralela, donde éramos dos jugando a hacernos daño y la consecuencia era hacernos felices. Teníamos un final, y estaba justo antes del principio, y tuvimos que luchar contra el miedo de dar los besos que después debíamos de dejar de dar. Pero en realidad el peor miedo era que no pasara nada, malgastar este amor con palabras, no saltar al precipicio de la nostalgia cuando faltas. Te eché demasiado de menos cuando estabas, y ya no tengo derecho a echarte ahora que no estás. Te quise tanto que sería de mala educación volver atrás.

Martes imposibles

Estoy a punto de llegar hasta ti, y eso que ni sabes que voy para allí. Estoy a punto de hacer madrugadas compartidas y dejar tanto frío, dejar tanto miedo que se cuela en las sábanas cuando no tienen quien las robe, cuando no estás tú para sentir el temblor de tierra que es el amor hecho. No pienso pedir clemencia por eso de que prefiero verte contra mí que contra todo lo demás, que prefiero cargar con tus imposibles los martes antes de lo que hagas tú. Al final éramos distintos, no imposibles. Al final los martes no eran imposibles, éramos nosotros los complicados.

Hay que aprovechar mientras se quiera

Paso de las teorías del amor constante y del querer para siempre. Creo que a veces puedes querer a alguien mucho un momento, pero no volver a coincidir ni en el tiempo ni en el espacio con esos mismos sentimientos, y ya está. Duró lo que duró, y no volverá a ser igual, y siempre será distinto con otras personas. Pero ese momento fue solo nuestro, y así lo recordaremos. No hay que querer para siempre, hay que aprovechar mientras se quiera.

Querer es una idea

Espero que las noches nunca te duelan, que tu piel siempre sepa quién eras, que bebas ron aunque no haya espera. Que hay que gente que está sin estar y tú estás en mi cabeza, aunque no estés en mis ojos. Aunque la ciudad sea un laberinto de ideas y la tuya siempre sea la más compleja, yo llegaré a la meta. Hay gente que sabe lo que piensas hasta cuando acabas de olvidar una idea. Y tú sabes todo lo que no sé, cuando las prisas me llevan y tú te quedas. A veces la distancia son dos personas queriéndose en una hora lo que se quieren otros en años. A veces querer es una idea, y quererte a ti fue la mejor.

La suerte me sonríe contigo

Sigo pensando que no debo dejarte de seguir nunca, que tienes las manos frías porque no llego tanto como querías, que solo quiero ver cómo te despiertas cada día. Lo haces fácil cuando estamos juntos y me haces creer que el mundo cabe en una sonrisa. Sigo pensando que estás preciosa cuando te vas enfadada a la cama y me haces la guerra fría en la almohada, y te ríes cuando me pongo triste porque dices que contigo no puedo estar triste. Contigo no puedo ser triste aunque quiera, aunque lo sea; tú no me dejas. Gracias por no dejarme caer nunca en la tristeza. Es verdad eso de que la suerte me sonríe contigo.

Domingos

¿Qué queréis que os diga? Estoy muy fuera de la vida. Están sonando en mi cabeza canciones con letras que no dicen nada. Ponte de acuerdo con el ron: o me dueles tú en la cabeza o que me duela él, pero los dos no, por favor. Todo lo que necesito es un sofá, y hoy me dedicaré a sobrevivir conmigo a mí. Hay demasiado amor de madrugada que no llega a la mañana, hay demasiadas miradas que se pierden porque no se aguantan. Hay demasiado de todo, y todo entra en un colchón que hace ruido cuando no te apartas.

Nadie vive como nos vivimos

Creo que hay una cosa que no te he dicho nunca: «Te necesito». Debe ser porque contigo no hay necesidad de que tenga miedo a perder los besos que no me has dado, porque vivimos beso a beso y día a día. No hay tiempo perfecto en el que no hayas estado tú conmigo, y nunca estoy tan bien como contigo. Pero no te necesito. No necesito que estés conmigo, a pesar de todo ni ante todo. No, necesito que estés cuando quieras, cuando queramos, y sobre todo cuando nos queramos bien. No somos un "todos los días". Pero nadie quiere como nos queremos cuando estamos juntos. Nadie vive como nos vivimos cuando nos tenemos al lado.

Siempre hay alguien y siempre eres tú

Siempre hay alguien que te quiere hasta cuando te estás desqueriendo tú. Siempre hay una primera vez, muerta de nervios por no saber qué va a pasar luego, por no querer que se acabe ahora, por no alejarse del momento. Hay un corazón que late cuando late el tuyo, que se acelera con cada paso con el que ella mueve el mundo cada vez que llego borracho de ganas de que estemos juntos. Siempre hay invierno cuando tú y yo nos echamos de menos porque nos enfadamos porque no nos vemos, porque entre que nos «entre—tenemos», nos quitamos el sueño. Siempre hay alguien, y siempre eres tú.

Reírnos juntos

Y eso, que solo nos ponemos de acuerdo en lo de reírnos juntos, y yo pienso que no es poco. Estamos destemplados en los tiempos separados y somos el termostato perfecto el uno para el otro. Si tú estuvieras aquí, estaría más destapado, más desatado y menos esperando. Si estuvieras aquí, habría un perfecto insomnio para rato, para vernos acostados y entender el mundo tumbados. Daría vueltas en la cama por no dormir, pero por no dormir contigo, no por querer dormir contigo sin que estés. Si tú estuvieras aquí, tendrías menos frío y más ganas.

Debería

Debería ir a correr para bajar todas estas penas que pesan desde que no estás. Tengo que dejar de no hacer nada y empezar a hacerlo todo, retomar los remos de una vida a la deriva con excesos de resaca. Tengo que dejar de ahogarme en ron sin ti y bañarme en ron contigo. Porque de hundirse a nadar solo hay un paso, el mismo que nos falta para ser algo, para dejar estas noches frías en cuarentena y dejar al invierno en espera. Voy a tener que correr aunque me hiele ahí fuera, porque aquí dentro no te encuentro, y no puedo dejar de buscar algo con el riesgo de estar empezando a volverme cuerdo. Debería ir a por ti, y voy.

Lo bueno de lo malo

Me dijeron que no tiene por qué ser todo bueno o todo malo. Tienes que verlo todo y quedarte con lo bueno sabiendo que tiene algo malo. Porque hay que querer algo tal cual, sin cambiar nada. Verlo desde diferentes perspectivas porque hasta las veces que nos contradecimos tenemos parte de razón. Y a mí me encantan tus perspectivas y tus lados malos porque yo soy el peor. Y mi lado bueno ya sabes que eres tú. Y así poco nos equilibramos y nos queremos por lo bueno y por lo malo.

Enero

Acabarás por decirme que estás harta, que los exámenes te matan, que quieres suicidarte con subrayadores y libros que no te atrapan, pero que no te sueltan; que te escriba más a mano. Me dices que, cuanto menos me entiendes, más te gusto, y mi letra no se entiende nada. Voy a repasarnos esta forma que tenemos de dejarnos con todo menos con las ganas, esta forma de hacernos felices sin buscarlo. Este enero te llevo a ti a cuestas para cuando no puedas estudiar más y tengas los ojitos cansados de tanto leer, y no a mí. Este enero me toca salvarte a mí, a ti.

Y tú no vuelves

A veces me canso de estar tan solo y, la verdad, me está costando. Cuando todos se van, yo me quedo aquí. A veces siento que no hay ningún lugar para mí. Te echo más de menos cuando te acabas de ir, y pienso que nadie debería irse y no volver. Pero hace frío y tú no vuelves. No sé nada de verdad y no sé nada de mentira, y no sé por qué al final te espero si al final no vuelves. Estamos llenos de otros que ya no están y estamos llenos de otros que ya se van, ¿quiénes somos? Si al final nadie está, si nadie se queda cuando yo me quiero quedar. Sigue haciendo frío y tú no vuelves.

Quédate aunque no te vayas a ir

Yo también huyo del frío de enero, pero no veo a la morena bajita. Y nos estamos cansando de esperar al amor verdadero y de tomarnos tantas veces la medida de unos labios que no encajan. Nos queman estos besos que no nos damos, y al final nunca estamos al tanto de qué nos significamos. Nos vamos demasiadas veces más de las que llegamos, y no puede ser. Podemos ser algo más que imposibles. A veces necesitamos que alguien nos diga «quédate», aunque no nos fuéramos a ir.

Mejor juntos

Deberíamos empezar por decirnos que estaríamos mejor juntos, que el frío en enero es un incendio cuando tú y yo nos vemos. Deberíamos empezar por mordernos y dejar atrás todos estos nervios de un invierno que no acaba, porque tengo el corazón lleno de ganas de estar junto a ti. Hay veces que no estamos para estar en ningún sitio, pero sí con alguien. Hay veces que estamos más que somos, que somos menos de lo que queremos, que te veo y se me olvida el resto. El camino empieza con un paso, y yo ya he dado dos mal dados que me han llevado hasta ti. Hay errores que son aciertos si el final me lleva hasta ti.

Fin de años

No pienso olvidarme de no querer que te vayas, aunque tampoco lo quieras tú, de todas esas veces que fui borracho hasta tu portal y de las que no lo estaba también. No me olvido de los nervios de un primer beso que siempre supo a último, de coches donde nos rozamos sin cambiar la marcha, de marchas que se cambian cuando nos miramos. No pienso olvidarme de que solo entramos muy apretados en tu cama, de que no somos un amor de diario, de que queremos vernos más horas de las que nos contamos, de que ya sabemos casi todo el uno del otro, aunque parezca que no sabemos nada, de que no estamos juntos, pero tampoco separados. Ya hasta nos hacemos felices sin intentarlo. No pienso olvidarme de ti, porque fuiste lo mejor de mi año y porque haces todos estos días oscuros mucho más claros.

Contigo o contra mí

Te diré que dejé de lado eso de mirar siempre a mi costado cuando estoy tumbado para ver si llegas tú. Porque si tú no sabes mentir, yo no sé esperar lo que no llega ni llegar sin ser esperado ni estar siempre a tu lado sin ti. Lo siento por el porvenir, por todas las caricias que se nos quedaron en las manos y los sueños que se hacen pequeños en nuestros ojos porque ya no nos miramos. Lo siento por mí, porque te siento siempre adentro, y es una sed que no se sacia. Es un querer que no quiero. Es estar contigo o contra mí.

Te voy a echar de menos

Te voy a echar de menos cuando esté completamente cuerdo, cuando seas feliz con otros, cuando sea feliz con otras, cuando seamos felices e infelices estando solos. Te voy a echar de menos porque ya no somos los que éramos ni seremos los que fuimos. Ni seremos. Porque nunca fuimos para tanto, pero sí fuimos muy tontos y bobos. Te voy a echar de menos porque el amor mata y los dos hemos esquivado la bala y aun así no hemos salido ilesos. Te voy a echar mucho de menos cuando esté borracho, pero muchísimo más cuando esté sobrio, cuando mis pasos inconscientemente me lleven hasta tu casa y no nos queden besos de despedida en los labios. Lo jodido de echar de menos es que te voy a echar de menos hasta que alguien llene el vacío que dejaste y se vaya, y empiece a echar de menos, como te eché a ti, a otras. Lo jodido de echar de menos es que no te echen a ti.

Fracasos y hostias

Ese momento en que sabes que te vas a dar una hostia con alguien, pero te la das igual. Porque si no lo intentamos, asumimos el fracaso, y no hay más fracaso que echar de menos algo que nunca pasó o aferrarse al seguro que pasará. Quiero aferrarme al presente y solo al bueno, solo a ti cuando nos queremos bien, y tirarnos por la borda cuando nos queramos mal. Ya sabes eso de «pégame con toda tu fuerza, a ti». No hay más fracaso que los besos que se quedan en la boca y las palabras que se quedan en los labios.

Deja ya de estar lejos

Deja ya de estar lejos, que la soledad se olvida volviendo. Tengo que decírtelo, que estoy pensando en ti aunque no estés. Y aún me acuerdo de cuando tú ya sabías quién era, cuando yo aún, aún me sigo buscando. Hay sonrisas que te cambian las noches, y noches que te cambian la vida, y a veces todo tiene que ver con la misma persona. No se me ocurren ideas para convencerte de que pases el invierno conmigo, más bien se me escurren las ideas. Pero empieza a hacer frío y yo estaría mejor contigo, y tú estás tan guapa cuando vuelves.

Remedio

Casi no nos echamos de menos si no nos vemos, casi. Que nunca dejemos cosas sin decir, ni cosas que callar. Que nos leamos con la mirada que se pierde antes de un beso, en la sonrisa de después y en la felicidad de luego. Que casa siempre esté por encima del dinero, y el dinero por encima de nada. Que nada sea todo lo que necesitemos, que nosotros nos bastemos. Que seamos un bastión donde refugiarse el uno al otro. Que seamos, que es lo importante para nosotros. No dejemos más el amor para luego, el amor es ahora. El amor es un «ya» que no tiene remedio.

La belleza nunca es normal

Me gusta cuando te pones roja, cuando tienes vergüencita en la cara y no penita en el corazón, cuando no esperas lo que quieres y lo atrapas, cuando alzas el vuelo aunque haya un tormentón. Si hay tormenta, desoyes los consejos y tú cambias todos los rumbos hasta perder la razón, y ahí nos encontramos los dos sin hacer caso a nada, haciéndonos caos, en un ocaso sin control. La belleza nunca es normal y tú eres la persona más rara y diferente que conozco. Ahora que lo pienso, es muy tarde y tú no estás para dormir conmigo, y yo no estoy para dormir sin ti, y no estamos juntos para no dormir.

Malditos

Malditos sean los besos que se quedan en la boca y las palabras que no salen de los labios. No quiero ningún beso que no llegue a su destino, que ninguna caricia no pueda hacer su papel fundamental en tu piel y que sientas un escalofrío que te diga que me voy a quedar, que estoy y que estás. No hay más planes de huida que nuestros planes de vuelta, y mira que las damos en un colchón, huyendo del frío mortal del invierno, huyendo del frío mortal de estar lejos. Malditas sean las noches que no estás conmigo, malditos sean los tiempos en los que no nos conocemos.

"Viermingos"

Primer domingo de la semana. Estamos sobreviviendo como se puede, pero no con quien se quiere; no solemos hacerlo bien eso. Aún me cuesta no enamorarme por las noches, pero aún más ligar por la noche. Las palabras, cuanto más oscuro se hace y más ruido hay, pierden más efecto, pero tienen más causas. Con efecto contrario a todo lo que buscamos, no nos encontramos ni de casualidad. Estoy en guerra contra el azar. Estoy en guerra de esas que no son de verdad. Disculpad las molestias, no a los molestos. El amor es todo lo que no me pasa cuando estoy despierto.

Tus ojos

No me hables de lunas delante de tus ojos, que las comparaciones son odiosas y yo te odio; te odio porque somos demasiado sin ser nada. A mí ya me tocó toda la suerte que podía tener cuando me tocaste, pero más cuando no me dejaste de tocar. Siempre fuiste más graciosa que guapa, y mira que eres preciosa; que hasta cuando pestañeo, te veo; hasta cuando te veo, te imagino. No me hables de ser menos si siempre que nos juntamos, sumamos. Y no me hables de momentos, que tú de los míos eres los mejores. Ya no sé qué excusas inventar para que te quedes, pero es que tampoco me da por pensar ya que te vas a ir. Me gusta cuando tomamos la dirección equivocada con la persona correcta, porque vayas a donde vayas vas al sitio perfecto.

Le llamas problema a todo lo que te gusta

Le llamas problema a todo lo que te gusta. Da igual cómo pasen las cosas mientras pasen. Me dan igual los caóticos principios que tenemos, porque todo lo anterior a que estés tú sí que es un desastre. Y vuelvo a decir que necesitaba tu caos para ordenarme, para desordenarme los principios en las bocas que saben a quedarse, a esperarte sabiendo que ya estás y que lo más difícil es encontrarte. Y me encontraste tú a mí. Me haces mejores los martes, y me haces mejor a mí.

KO

Hay golpes que te hacen más fuerte y sonrisas que te dejan KO La vida sí que me sorprendió a mí contigo. Y yo, al que siempre se le viene lo peor encima, solo quería un problema que dejara atrás al resto. Y viniste tú, que no eres una chica problemática, eres la chica problema. Y ya nunca te quise solucionar. Me dejo llevar por cada una de las cosas que te pasan cuando nos pasamos el día pensando el uno en el otro, y echarte de menos no duele tanto cuando siempre vuelves. Lo peor es que los domingos nos pillen separados, pero pensando en estar juntos, y ojalá que la próxima vez que me sorprenda la vida me sorprenda estando contigo.

Piedras

No quiero dejar en el camino ninguna piedra sin la que tropezarme, porque todas me llevan hasta ti. Y nunca he conocido los caminos cortos ni los atajos para conseguir los besos que sanan todas las heridas que hacen cuando te los dejan de dar. Y no lo sabes, pero yo ya te quería mucho antes de que me quisieras tú. Ya te esperaba mucho antes de que fueras a llegar, y te echaba de menos mucho antes de que no te quedaras. Te prometí que íbamos a ir a correr(nos) todo el otoño, y no era de mentira, solo te quería robar un «quizás». Y ahora, que estás empezando a hartarte de estudiar, deberías dormir más, conmigo.

Tanto en tan poco

Me calaste tanto en tan poco que llegó un momento en que te dije que el resto del mundo no importaba, que yo solo quería ganar perdiéndome contigo, que yo solo quería un tiro en el corazón si el disparo era tuyo. Y disparamos todas las palabras seguidas de bombardeos de caricias cuando no nos falta de nada, cuando lo tenemos todo, porque todo para mí eres tú, y tú estás todo el rato. Qué fácil es todo cuando lo resumimos así: cuida de mí que yo cuidaré de ti.

Atravesado

No tengo el domingo atravesado, lo tengo partiéndome por la mitad, y reitero eso de que mis dos partes quieren irse contigo. Tenemos todas las noches que no dormimos guardadas en lagunas de recuerdos que se ahogan y solo buscan tu boca a boca, y tú en mi contra. No hay esperas que no valgan tus penas, y yo tengo el remedio perfecto para las temporadas de invierno en el corazón: tu risa como argumento para traer verano al sitio que deja este domingo para ti a mi lado en el sofá. Hoy no puedo conmigo, pero mucho menos sin ti.

Felicidad

Hay personas por las que, al mirarlas a los ojos, es imposible que no sientas nada, aunque sea en sueños. Y a mí nunca se me dio bien no ponerme nervioso mientras me aguanta tu mirada, mientras te llevo en la piel pegada, mientras los viernes nos matan a distancia. Tienes la felicidad en la mirada, y ojalá la sigas teniendo siempre.

No dormir contigo

Ven, que tengo todas las ganas haciendo trinchera en mi colchón para verte. Ven a matarme de risa cada vez que te tropieces mientras te desnudas, y véngate tirándome el mundo encima, que yo me tiro en ti. Ven a levantarme en las mañanas difíciles y a acostarme en las noches fáciles, y aprovéchate de mí, que yo aprovecho cada momento contigo. Y no dejes de sonreír mientras nos vemos. Y ven a sacarme todos estos «te echo de menos». Ven, que estás tan guapa que no quiero que estés lejos. Las noches son de quien no las duerme contigo, y si vienes, no pienso dormir contigo.

Encontronazos

Las cosas que esperas son las cosas que no pasan y que nunca terminan de pasar. Y tú nunca terminas de pasarme, y te clavas, y me clavo a ti siempre que puedo. Y basta ya de no bastarme nunca, de siempre querer(nos) más. Tuvimos suerte de encontrarnos. Y, joder, me encantan todos nuestros encontronazos en la sala, en el sofá, en la cama. Y me encanta llevarte la contraria y estar contra ti, y a veces frente a ti. Y nunca dejar de estar a tu lado.

Pase lo que pase

Qué bueno cuando coincide lo mejor para ti y lo que quieres para ti en la misma persona. Y si me llamas, te salvo, y te prometo no volver a verte sin ropa, sino desnuda. Y si tú quieres, acabo con todo lo malo. Pero, pase lo que pase, no te quedes sin aire; si no, nos lo quitarás al resto. Pero, pase lo que pase, merece la pena cada segundo que pase contigo.

La mujer de mi vida

Sería gracioso que me cruzara con la mujer de mi vida y me pillara pensando en ti, como dice la canción; siempre buscando otras cosas y, joder, lo tenemos todo. Y nunca lo vemos hasta que falta. Y lo peor es tener que ver las cosas con objetividad y no disfrutar siendo subjetivo y no disfrutarte siendo tú el objetivo de todas mis miradas suicidas a la boca de los ojos. Y, joder, que tal vez seas mi mejor otoño. Y a tomar por culo el verano, en otoño las noches duran más, así que espero que seas mi próxima noche de otoño y que dure todo un verano.

No suelo acordarme de nada

Hasta en sueños hablo de ti, contigo, porque te tengo todo el día deambulando por mi cabeza. Y yo soy de los que se preocupan por ti, y no quiero que pases frío, así que ven para que no tengamos más frío ninguno de los dos, y baja de mi cabeza a mi corazón, que allí hace más calor. Vente a estar bien conmigo y a darme suerte, aunque sea mala, mientras seas tú. Eres el empujoncito al vacío que necesito para hacer de un día de mierda un día bueno, el empujoncito que necesito para ser el que soy sin pensar en lo que seré, ni quién fui. No suelo acordarme de nada, pero no me olvido de ti.

ÓDIAME

Llevo todo el día pensando en eso de qué tienen tus manos, que me curan los momentos malos y aprietan cuando no necesitamos más espacios. Me da igual pasar noches horribles si me salvas por las mañanas, si me dices que todo pasa y que lo bueno se recuerda. Y ya no sé en qué tiempos lo nuestro no concuerda, porque pasamos de ser un problema. Porque pasamos de solucionarnos. Porque eres muchos problemas y me encanta. Y me encantas hasta cuando estás de malas y odias a todos y, sobre todo, me odias a mí porque soy al que le das más importancia. Ódiame con todas tus ganas mientras sea así.

HOY NO ESTOY NI PARA MÍ, PERO PARA TI SIEMPRE

Te reirías si supieras que te esperaba sabiendo que, si estás triste, te tengo que querer más, no menos, y que vente ya conmigo al sofá a leerme encima. Que sí, que lo peor de esta lluvia es estar perdiéndosela en compañía, que te echo más de menos los días que estás tonta, que tu pelo es el que alborota al viento. Tienes sonrisa inquieta que me hace felices los domingos, y esas ganas de no querer recordarte nada porque aún nos queda todo por vivir. No pienso perder ni un momento en recordarte y no vivirte. Que sepas que, aunque hoy no esté ni para mí, para ti siempre.

El amor de ahora

Debo ser el único gilipollas que cree que bailar no es que te peguen el culo al paquete, bajar restregándose hasta casi caer al suelo y poner cara de borrachos. Qué complicado es ligar cualquier noche sin poder decir una palabra. Que yo admiro a esos y a esas que fulminan con la mirada y saltan chispas, corazones o condones cuando chocan. Pero no, yo no soy de esos, yo no soy de ningunos, porque se me dan fatal los principios y no tengo ni puta idea de bailar, ni de bailar bien ni de bailar mal. No entiendo el amor de ahora, y él está claro que ya no me entiende a mí.

Elegir

Me gustas más cuando te quedas conmigo, cuando dejamos de contar los minutos para vernos y los compartimos, cuando ya no queremos más veranos y nos queremos aunque llegue el invierno y luchemos contra el frío. Estás más guapa cuando te da todo igual, cuando despiertas a mi lado, cuando dices que no estarías mejor en ningún otro sitio. Y eso, a tú lado es mi sitio preferido, y es donde me quiero quedar cuando haya todas esas tormentas que no nos quieran dejar vivos. Y, no sé, me encanta cuando dices que antes de ser la única prefieres que tenga más opciones y que te siga eligiendo a ti. Y te sigo eligiendo.

Noviembre juntos

Me gusta que te enfades cuando me echas de menos y que digas que a veces no es por eso, que solo coincide, como coincidimos, cuando no nos vemos, en que no lo estamos haciendo bien. Que cuanto más se intente matar al amor, más resiste, que dejes ya de querernos matar y empieza a morirte conmigo. O muérete de sueños, que tienes los ojos llenos de ellos, y no hay nada como verte ilusionada. Hace tanto frío estos días que solo me apetece abrigarme contigo, dormirnos dos minutos después de reírnos, hacer un noviembre juntos.

Imposibles

Los imposibles se atraen y nosotros parece que estamos imantados. Que cada vez que tú vas hacia atrás, yo doy un paso adelante; que cada vez que no sabemos lo que va a pasar, nos gusta más eso de arriesgarse; que cada vez es una más y ninguna menos. Que sea lo que sea pero que sea, que seamos y que nos deseemos y nos cumplamos y pidamos ese deseo de tener tres deseos más antes de que se acaben. Y en los tres te vuelvo a pedir a ti. Dime que no va a ser y querré con más fuerza que sea.

Al final eres tú

Dejaste patas arriba el edredón de mi cama, y mi vida. Y después de vivir tanto bocabajo por fin veo el sol, por fin te veo a ti. Dijiste que me ibas a convertir en una estrella, pero yo siempre fui de lunas, de noches de buscar tantas que hasta me conformaba con sus lados oscuros. Y claro, cuando es de noche hasta una sombra clara parece una luz, y no lo es, y me perdí por todos los caminos que no llegaban hasta ti, pero que sí que conducían a tu camino. Me cansé de besar bocas que solo buscaban besar otras y nada más. Me cansé de guerras de lenguas en la esquina de cualquier bar. Me cansé de tantas noches en las que no llegabas. Pero me equivoqué en el momento y no eras una noche, eras un día, y le hiciste competencia al sol y no dejaste ninguna contrincante viva. Al final eres tú, siempre fuiste tú.

Formas y maneras

De cualquier forma, de todas las maneras, contigo. Es sencillo, aunque nos empeñemos en hacerlo complicado, si tú te quedas y yo me quedo, juntos hasta que lleguen los fracasos. Y nos dará igual, porque decidimos con quién fracasar, con quién nos desaprovechamos o con quién nos aprovechamos más. Y yo quiero aprovechar cada minuto contigo, y estirarnos tanto en el espacio que no demos más de sí, o que no demos más de «nos». Cuando estás donde quieres estar, no tienes la sensación de estar perdiéndote nada, y tú eres donde quiero estar. Eres adonde quiero ir.

Hay días

Hay días en que haría todo por ti y otros todo contigo. Hay días para aprender qué no hacer y otros para aprender qué hacer. Hay muchos días y yo te quiero todos conmigo. Si tengo que esperar por alguien a quien no voy a poder ver, que seas tú. No queremos nada serio porque solo nos queremos matándonos de risa, haciendo guerra de sonrisas, y que todo el daño que nos hagamos sea el de una caricia. Dices que si te metes en mi cama, no voy a poder sacarte de allí, ni podría, ni quisiera. Todo está en el misterio, y esto está saliendo tan bien que hasta da miedo.

Lo que quieras con quien más quieras

Vamos a hacernos los valientes para serlo, para que nunca dejes de ser tan temeraria, para que nunca tengas miedo de vernos. Voy a ser todos los espejos que reflejan tus sonrisas. Ya hiciste mi hogar de tu pecho, ya deshiciste los días malos, y aun si te veo desde lejos, siento que me falta el aliento que me devuelves cuando te acercas. La vida es de quien te la salva, y entiendo que tú viniste para luchar contra mis lados tristes. Ahora entiendo cuando dijiste: «A veces me reconozco la suerte y el mérito de haberte encontrado». Te reconozco el mérito, la suerte es mía.

Cuando te despiertes

Te voy a abrazar cuando no quede nadie, para que sea más grande el eco cuando mis brazos se separen. Todo depende de cómo lo veas: como el invierno después de ese verano o como el invierno anterior a «El Verano». Pero, lo mire por donde lo mire, te veo a ti, te veo con frío sobre mí y con calor conmigo. Y me da igual lo que seas, si invierno o verano, mientras lo seas. Y aún no tengo ni puta idea de cómo lo haces, pero llegas y cruzas todas las fronteras que puse para llegar hasta mí. Ojalá que, cuando te despiertes, pienses en mí y me eches la culpa de no estar a tu lado para curarte las pesadillas, para no dejarte dormir. Ojalá que cuando te despiertes pienses en mí, y también antes de dormir.

Sálvame el domingo

Ojalá que llegues despacio, que las prisas nos dejan parados, que el calor sin ti es frío a diario. Que se nos caiga todo el tiempo de las manos, que nunca supimos dejarnos, que nunca nos quisimos demasiado. Y lo hacemos bien, y nos racionalizamos cuando perdemos la razón en cualquier colchón en el que solo cabemos los dos. Y nos apretamos para hacer guerra contra el frío que quiere agarrarnos, cuando estamos desnudos y somos más fuertes, y más débiles cuando nos miramos. Y nos salvamos, y sálvame el domingo, que yo no puedo. Y te salvo, y dices que somos todo lo que somos cuando amamos.

Arriesgarse

Hay que saber con quién arriesgarse, y yo lo arriesgo todo al marrón de tus ojos y al número par de tus tacones. Yo te doy todo lo que tengo para que me quites mucho más de lo que te doy. Y no te pido nada a cambio, solo que me lleves al lado en tus cambios de cintura por las aceras y en tus cambios de mirada cuando haya penas. Yo quiero que nos suba la marea como una sábana que intenta esconder lo que nos da vergüenza cuando estamos vestidos y lo que nos da calor cuando estamos desnudos. Como dice Sabina, nosotros también «nos desnudamos sin quitarnos la ropa», y nos vestimos con abrazos que aprietan, pero nunca ahogan.

Si vuelves a sonreír

Somos más de ponerle puntos de sutura a la herida que de puntos finales, y así nos va, que siempre se abre. Y nos abrimos en canal antes de que esto acabe porque vamos a dejar que pase. Estas cosas se acaban solas, no con palabras. Si quieres que se vaya a pique, no lo digas, ya nos hundiremos solitos y cada uno flotará por su lado. Pero, claro, dices que nos vamos a hundir de repente y mi instinto es intentar salvarnos. Somos iguales hasta para enfadarnos, igual de tontos. Me dueles y no quiero dejar que no lo hagas. Pero yo no te quiero ver triste, así que, si vuelves a sonreír, me quedo contigo, pero si no lo haces, tampoco me voy a ir.

No sé cómo me entiende

No sé el punto exacto donde todo se vuelve diferente, donde hay alguien cuando crees que nadie te entiende, donde me digo «creo que me quiere». Si las heridas que más duelen son las que deja de hacer, que no me deje de hacer nada, que las sonrisas son de quien las saca y últimamente las tiene en exclusiva. Ojalá que si se queda con algo al final, se quede conmigo, y por fin le diré «sálvame el domingo, que yo no puedo», que a veces necesitamos que nos canse mucho alguien para descansar. No sé cómo me entiende...

¿Qué clase de noche eres tú?

De las que nunca acaban o de las que acaban demasiado pronto. De las que se hacen largas o de aquellas en las que el amor se queda corto. De las que nos besamos en cada esquina lluviosa de la ciudad o de las que despertamos en los portales. De las que lloras en los bancos cuando sobra un «nos» a *nosotros* o de las que el sofá hace de cama y el suelo hace de sofá, de las que la pared nos sujeta las ganas y las ganas no nos paran de desatar. ¿Qué clase de noche eres tú? Que no quiero otra sin ti. Dondequiera que estés, la que quieras ser.

Las noches que ella quiera

Dice que si me voy, a quién va a tener para quejarse cuando tiene que estudiar, cuando las horas pesan de más, cuando echa de menos sin parar. Tiene el corazón regular, pero los ojitos valientes, y me dice que aunque falle, ella no va a fallar, y se queda para siempre. Y aunque a veces se ponga triste porque me voy, le digo que si no me voy nunca, ¿cómo voy a volver? Cómo voy a volver para desesperarle los otoños, para que me diga que no me compara con otros, que ya sabe que soy el peor. Y aun así se queda conmigo, y yo vuelvo las noches que ella quiera.

Pasar

Hay cosas que tienen que pasar, y se sabe, y lo sabes, aunque no puedas esperar el momento para que pase. A veces basta con una noche para saber cómo quieres pasar las siguientes, a veces basta con 5 minutos para hacerte de mi futuro presente. Y es que, cuando pasa, nos preguntamos cómo no había pasado antes, y decimos que estaba claro, que si alguien tenía que acabar conmigo, ibas a ser tú. Si alguien iba a volver a empezar todas mis primeras veces, ibas a ser tú. Y todo se vuelve nuevo, y diferente, y haces especial lo que antes era cotidiano, las buenas noches interminables, las pelis que no se ven, pero se escuchan, los buenos días cuando nos morimos de sueño y todos los días decimos «contigo esto costaría menos». Contigo todo cuesta menos. Contigo todo es más fácil.

Suerte

Y eso, que si hablamos de suerte, tú eres la mía, y eres de la buena. Tenemos resaca de querernos demasiado y no sé dónde está el límite, si siempre me llevas más allá, si siempre me quieres libre. Hemos despertado en bancos de madrugada, amaneciéndonos la piel al roce, conociéndonos al tacto, sabiéndonos al gusto. Me encanta cuando te pico diciendo que solo eres la siguiente y tú me respondes que eres la mejor, y que no me voy a olvidar de ti aunque quiera, que eres como esas frases que, cuando las lees una vez, las recuerdas para siempre porque te identificas con ellas. Y a ti te identifico con mi suerte.

No busques más amor

No voy a volver a esperar a que subas a otro avión para darme cuenta de que no estoy a la altura perfecta de tus labios. Cuando estamos demasiado cerca, siempre es mucho más fácil alejarnos, y yo no quiero más búsquedas de otras personas que no merecen la pena. No quiero que lleguen pronto y rápido, prefiero esperarte, prefiero que no pase nada contigo a que pase mucho con otras. No me digas eso de que me echas de menos y que yo a ti no, que ni con 3 lunas por noche me olvido de ti, que sabes que en fijarme en otras soy lo peor, o llevan tus ojos o tu risa, tu pelo o tus manías, tus gestos o tu adiós. Pero no son tú. No hay ninguna como tú.

Sentir

Hay dedos que marcan el compás de un día, tú marcas el de los míos con *allegros*. Que me sientas bien, y que te siente bien encima, que cómo no voy a beber si el ron siempre me lleva hasta ti. Que te ayudo si lo necesitas, aunque no tenga ni idea de cómo hacerlo. Malo será que juntos no encontremos una solución dándonos vueltas en un colchón. De cerca vemos todo borroso, por eso, para verte a ti al lado, cierro los ojos, porque hay cosas que hay que ver y otras que sentir, pero prefiero que todas las de sentir tengan que ver contigo.

Vicio

No sé acabarte en el momento, no sé no querernos a contratiempos. No tengo problema ninguno en dejarme indefenso y en darlo todo aunque tú te lleves mucho más. No tengo ningún problema en quererte a diario y no a fin de semanas, de ser rutinas compartidas y ruinas algún día. Yo doy la mitad si tú das el resto. Yo también tengo el vicio de extrañarte y el de dejarnos para luego.

Falto

Como es olvidadiza, se lo dejé escrito para que no se le olvidara. Que me gustan sus despistes, pero no sé si quiero volver a ser uno de ellos.

Imaginar

A veces estás tan acostumbrado a vivir en las cosas que no pasan que crees que no va a pasar nunca nada. Y lo que llega como nada a veces se lleva todo. Somos una terrible y desastrosa serie de encontronazos, y desastres totales, de nervios en portales y de primeros besos cada vez que volvemos a vernos. Somos cada noche una historia diferente, nunca la misma, solo se repiten los protagonistas, y no hay actriz principal más guapa y loca que tú, y no hay peor actor que yo. Nos tenemos que dar las gracias por no tomarnos tan serio, y dejar las cosas aburridas para cuando no estemos en medio. Que hay personas que te hacen ver la vida diferente, pero es que hay otras que te hacen vivirla diferente, y eso nunca lo pude imaginar. Y nunca te pude imaginar, y ahora no me imagino sin ti.

Días perdidos

A mí me gusta echarme la culpa a mí, así no dependo de los demás ni para bien ni para mal. Pero hay culpas compartidas, hay fronteras que por las ganas se cruzan enseguida, y hay personas que cargan con todo cuando tú ya no puedes más. No es debilidad que alguien te levante cuando te caes, y no está nada mal caerse acompañado. Sabes que el único requisito que le pongo a dormir es que, lo haga o no lo haga, sea contigo. Aunque tú tengas el corazón cansado, siempre hay espacio para que entremos los dos en tus ojeras. Me haces bien, y hasta me encuentras los días perdidos.

Cardíaca

En tu habitación no salía el sol y bailabas divertida. Y eres lo que pasa a mi alrededor y muchas veces encima. Tú eres mi vida, y tú siempre reías. Conmigo dormirías mucho mejor, pero menos. Contigo despertaría mucho mejor, y con más sueño. Estamos en la guerra de los dos y nos matamos a besos. Vamos a dejar de escribir de amor, y de no hacerlo tan lejos. Si eres una bala perdida, dame en el pecho. Quiero saberte más, quiero que te vayas menos, y sí, te haré caso, y si vamos a vernos con más frecuencia, será cardíaca.

Inevitables

Supongo que esta es toda la magia que necesito, y la que impregna las historias de los libros. Estoy dejando de tramar historias contra ti para hacerlas contigo, dejar de ser tan enemigos íntimos, tan contrarios y a la vez tan inevitables. Hay elecciones que no se eligen, que llegan como un tornado, y tú me has levantado hasta los cimientos.

Ayer noche

Nunca supe hacer de ayer noche hoy por la mañana, con eso de que no nos queda más que ahora, no quiero vivir deprisa, y no quiero vivir tan despacio que ni llegues, ni que espere. Estamos pasando demasiadas noches pensando cómo vamos a hacernos el amor en vez de improvisárnoslo pegados. Y, Señorita Problemas, seguimos cabreándonos por no despertarnos juntos a diario y odiando las distancias que no nos llevan tan lejos para juntarnos. Y aun así solo necesito un par de palabras tuyas para sobrevivir las mañanas. No sé si creo en el amor a distancia, pero creo que cuando hay amor no hay distancia.

Feliz

Tú quédate a mi lado. No quiero evitar las dudas que hacen que te sientas viva por no saber por dónde tirar. Yo tampoco sé adónde, pero sé que quiero quedarme contigo. Que nos podemos hacer a medias y tirar el uno del otro en los días que pesan. No quiero que nadie se pierda lo absurda y divertida que eres, tu forma de venir corriendo a abrazarme cada vez que me doy la vuelta, y las formas que tienes de hacer realidad todo lo que imagino. Hay personas que te hacen feliz los días tristes.

Te cuido

Te cuido y te mimo en los días en los que no quieres a nadie, o eso intento. Tenemos que dejar de tener tiempos muertos, y matarnos a besos. Más noches de esas de soñar despiertos y menos de dormirnos a destiempo, destemplarnos con cada caricia y subir el nivel de los ojos, antes de mordernos. Tenemos las manos llenas de ganas, y quiero ganarte el cuerpo. Tienes las palabras exactas para ralentizar el tiempo, tienes la sonrisa perfecta para curarme los malos tiempos.

BREVE

Seré breve..., aunque eso sea lo último que quieres leer de mí siempre. No tengo ni idea de cómo no sacarte sonrisas, de cómo no hacerte cosquillas, de que no sepan tanto a ron las despedidas. Eres la mezcla perfecta entre el final y el principio de mis días, y aunque me joda, eres menos penas que alegrías. Nunca tuve planes para ti y mucho menos remedios, eres la enfermedad que está matando a todas mis otras chicas, y deja ya de poner migas de ti en mi camino de vuelta a casa para que acabe en la tuya. Me estoy acostumbrando a que todo el mundo dé vueltas en el banco de tu portal. Y aunque odio las costumbres, tú eres la rutina más irregular que he conocido, y me gusta. Me gusta ser irreal contigo.

SEPTIEMBRES

Para que una historia empiece, otra tiene que terminar, y yo terminé con todos los líos de cabeza del verano, menos con el tuyo. Que nos gusta el amor turbio y las frases hechas, hacer el amor y las camas deshechas. No dejarnos dormir por las noches y dormir juntos por las mañanas. Que el verano no se baje en esta estación y pedirle prestados días al otoño, utilizar todas las noches de invierno que caben en la última noche del verano, y volver a ser ese momento eterno de duda antes de dar el primer beso. No quiero saber aún cuántos besos nos debemos y cuántos no nos debemos dar. No quiero septiembres que tiren hojas sin que tú te me tires encima.

A TU LADO

No quiero abrigarme con otra persona que no seas tú, ni noches de traseros destapados, ni de calcetines jugando, ni de dejar de mordernos la ropa interior del alma. «Estoy llegando» es la frase que más te repito, y es la verdad, que tú no haces que lo siga intentando, tú haces que lo consiga, y, joder, vaya caos que tenemos entre manos. Menuda forma de dejar de pensar en todas las cosas importantes me has enseñado, menuda forma de no darnos nunca por vencidos ni nunca por acabados. Que no dejen de mirarme esos labios que saben a futuro insaciable, no dejes de llamarme aunque esté a tu lado.

BÉCQUER

Y dime otra vez eso de que… Y te ríes diciendo que somos lo peor y, joder, lo peor lo fuimos juntos, como en el poema de Bécquer: «¡Tenías que estrellarte o que abatirme!... ¡no pudo ser!».

"Lo bueno de los años es que curan heridas..."

Llevo este verso pegado en el alma desde que tengo uso de razón, o desde que perdí las razones para razonar. El tiempo es el asesino natural del amor, y nosotros dos fuimos lo bueno y lo malo de los ataques al corazón. No puedo borrarme tus heridas si me las quieres sanar con besos, si somos adictos al olvido, si no solo quieres matarme en sueños. Ojalá que no perdamos las ganas por hacernos cosas, aunque no sean del todo buenas, porque peor que perder la paciencia es la indiferencia, y yo aún quiero hacerte perder en todos los sentidos, en todas las direcciones, por todo el mundo.

Robarme

Siempre vamos buscando algo de suerte, pero yo prefiero que los golpes me los des tú. Siempre lo haces con más cariño y todos tus motivos son porque soy imbécil. Dices que siempre busco guerras que no puedo ganar, pero cada vez que me pierdo, te gano un poquito más, cada vez que me das por vencido, me atrapas un poquito más. Supongo que esa es la clave, que seamos tan poquito que no sabemos ni que es esto, creernos que somos imposibles, porque mientras no pueda ser, será. Te repito que no dejes de robarme el lado de la cama, que no sé cuál es el mío si no estás tú.

Veranos que son personas

¿Qué queréis que os diga? Yo creo en las canciones, en los libros, en las series y películas que salvan días: ¿por qué no en las personas que salvan estaciones? Aunque yo no sepa hacer de héroe, a ti se te da de maravilla, y con algún beso me tienes resucitado alguna noche. No hay nada que cure más que una persona que quieres y en la cual confías. Cuando tienes en alguien todas las series, todas las canciones, todas las películas y los libros, ¿para qué quieres más? Hay personas que son todas las historias, y a mí se me da bien describirlas y no crearlas. Hay personas que nunca dejan de sorprender, hay veranos que son personas.

Vueltas

Quise días impares de querernos también los pares, y noches de esas de «no te pares», miradas que sacaban fotos y memorias a corto plazo que solo duraban hasta el siguiente abrazo. Quisimos tiempos pegados, y a veces el sudor es un lazo, y yo estaba enlazado a ella y ella estaba enlazando cada frase con sus párpados. Eso no eran caídas de ojos, eran saltos mortales. Yo siempre quise dar vueltas encima de ella porque cada persona es un mundo y ella era el mío.

Ordéname los domingos y hazme caos los lunes

Yo mañana empiezo las rutinas, y tendré que buscar que me hagan caos en otros brazos, que los míos van a estar algo ocupados. Supongo que solo necesitamos caos cuando todo está ordenado, y orden solo cuando estamos caóticos. Y supongo que la persona que te hace caos es la misma que la que te ordena, así que, ¿a qué esperas a ordenarme los domingos y hacerme caos los lunes?

Repíteme

Repíteme, y dime eso de que no lo hago tan mal, aunque lo podría hacer mejor, y que la vida juntos es diferente. Mientras tengamos el sexo como excusa para vernos, no vamos a perder ninguna mirada; mientras vernos sea una excusa para perdernos, nos va a pasar de todo menos nada. Deja de estar tan guapa, que no me puedo ni fijar en las demás. Deja de decir que somos exclusivamente libres, que no vamos a saber salir de esto de tantas puertas y ventanas que dejamos abiertas. No sé si sonríes mejor conmigo, pero sí mucho más.

Quítame el sueño

Sí, también quítame el sueño las noches que estoy sin ti. Que prefiero hablar contigo a dormir, soy así, me gusta que las ojeras lleven un nombre, y tú tienes uno precioso. Una cosa es que pares el tiempo o que hagas que vaya más despacio o más deprisa, pero es que haces que no me dé cuenta de él, y ya no sé en qué días vivimos, los separo en contigo y en sin ti, y nunca estoy sin ti del todo, y nunca duermo demasiado contigo, y nunca duermo bien solo.

¿Cómo íbamos a parar de bailar?

Cómo íbamos a parar de bailar si nos queríamos más de lo que dura cualquier canción, más de lo que dura cualquier noche. Aunque nos queramos a poquitos para que nos sentemos bien. Y nos encontremos a ratitos. Yo no puedo contar historias normales, pero por suerte puedo contar contigo, y contarte las respiraciones cortas que das al reírte, y el aire que quitas cuando te vas. Yo no quería parar de bailar contigo, pero la próxima vez espero que lo hagamos en horizontal, que yo no necesito ir hacia delante o hacia atrás si te tengo a ti al lado.

El amor

El amor es un poco esto: seguir besando a alguien que no quiere dejar de morderte. Que si somos lo peor, y lo sabemos, no va a doler, porque ya sabemos que no va a funcionar.

Equilibrios

Nos vamos equilibrando sobre cornisas imposibles en la comisura de tus labios, que no quiero acostumbrarme nunca a ti para que cada vez que te vea sea distinto, para que nunca estemos distantes, para que nunca sea lo de siempre. Vamos haciéndolo menos mal juntos, y nos vamos haciendo poco a poco. Aunque digan que lo importante es cómo acaba, yo aún no quiero acabar contigo, no quiero terminarte el cuerpo, no quiero no poder descubrir algo nuevo en ti. Nos vamos equilibrando cuando la mejor parte de mí eres tú, y la peor de ti, yo.

Y LO QUE LLEGUE LLEGARÁ, Y QUIEN LLEGUE LLEGARÁ

Menos mal que te tengo a ti para cuidar de mí y quererme en los días en los que no quiero a nadie. Y aunque sea de gris, pintas mis días. Que eres todos los antídotos para los venenos de la rutina, eres la manta que me salva cuando me muero de frío. Menos mal que nunca nos esperamos para no llegar nunca tarde, menos mal que nunca nos apartamos para llegar juntos al desastre. Menos mal que te tengo a ti, menos mal que llegaste.

DIFERENTES

Y yo quiero culpas a medias de quién hace más feliz a quién, madrugadas que duran días y no saber qué va a pasar mañana. Deja de no estar aquí, y de que no te espere. No dejes a nadie de lado, pero déjame estar a tu lado. Que yo quiero distancias cortas y tú nunca quieres distanciarte. No pares de hacerme raras las noches ni diferentes los días.

LO MISMO

Cuando estoy tan cansado que no sé qué hacer ni qué no hacer ni qué pensar, recurro a ti. Eres mi piedra de toque para verme por dentro y para ver lo que hay fuera, que a veces solo quiero clavar la mirada en ti y que da igual lo que le pase al mundo, que se salve quién pueda. Por suerte, tú me salvas a mí, aunque yo tenga instintos suicidas, boicots a la felicidad y mares de dudas. Y tú sonríes y me quitas la tontería. A veces nunca doy las gracias suficientes por eso de no parecer más débil, pero tú haces de fuerte por los dos. Las noches no son lo mismo sin ti, y yo desde luego tampoco.

Cuando hablo de ti

A todos se nos ilumina la cara hablando de alguien que hace que nos brille el corazón, y hablamos emocionados de cualquier cosa sobre esa persona con otras. Que tiene unos labios hechos para sonreír, que nadie canta como ella en un concierto, que nadie se mete conmigo como tú. Y no quiero que salga ni no sentir nervios por ti, que eres ella y eres tú, y ya ves que me dan igual las personas. Que a todos nos duele lo que está cerca del corazón, pero eres un dolor amable. Si tienes que hacerme brillar es que vas a irradiar calor, y si tengo que quemarme, si tú eres la llama, mejor.

De nombres y verdades

«... también vale la pena decir la verdad por ti». Y decirte todas las verdades con las que me engaño a diario para que el corazón ya no pese tanto y no me acabe aplastando. Que no hay nada más duro que la verdad, aunque las mentiras se rompan por todos lados y sean más afiladas. No quiero que nos cortemos… de decirnos lo que pensamos y lo que nos pasamos el uno con el otro, y lo que queremos que pase.

A MEDIAS

Quiero entender tu idioma sin necesidad de traducciones para no perderme nada, mirarnos a las ojeras y echarnos las culpas a medias, enredarme en cada respuesta que des. No dejar de calarnos nunca hasta los huesos ni de ponernos la piel del alma de gallina. Te sacaré a soñar o, digo, a bailar, con corbata y trajeado. Dirás que estoy muy guapo, aunque no lo esté, aunque te dé igual, porque tú solo te fijas en lo que llevo dentro. Y yo te llevo dentro a ti, así que estás viendo a la chica de los ojos tristes que me alegra todos los días.

DEJAR DE PENSAR

Porque, cuando dejas de pensar, las ideas empiezan a formarse, y es como cuando estás delante de un examen; en realidad tú no piensas «voy a poner esto así, así y así», no, empiezas a escribir y todo va saliendo. Cuando estás delante de un folio en blanco, lo único que hay que hacer es empezar a escribir, y los momentos y los sentimientos afloran en tu mente, y solo tienes que describirlos. Es el proceso contrario a cuando lees: lees las palabras seguidas y vas formando imágenes en tu cabeza. Pues cuando escribes tú ves esas imágenes, esas fotografías, esos momentos y los escribes. No sé. Yo funciono así, pienso demasiado, pero, cuando pienso menos, lo hago mejor.

No existe el olvido

Dejemos de engañarnos de una puta vez: no existe el olvido. Si te olvidas de alguien es que nunca te has acordado o pensado en esa persona lo suficiente, y si es así, nunca ha estado de verdad en tu vida, nunca ha dejado huella, nunca han girado tus pasos alrededor de esa persona. No existe el olvido para los que tienen corazón, porque la memoria no está en la cabeza, está en el pecho, que es lo único que me duele cuando se va.

Defectos

Lo imposible no es poder quererte más, sino hacerlo menos, que te me vengas a la cabeza y que no vengas aquí, saber de memoria cada uno de tus miedos, saber todas las formas que tienes de decir sí, llevarte en volandas por las aceras nocturnas porque estés tan cansada que ya quieras dormir, bailar contigo borracha y que las vueltas me las des tú a mí. Lo más difícil es dormir y no notarte al lado, ni encima, ni debajo. Es que pierdo mi lado de la cama. Eres mi lado opuesto y mi amanecer personal. Tengo mil formas diferentes de hablar de ti y, por defectos, de mí.

Dormir sin ti

Ni se puede ni quiero dormir sin ti. Ni no decirte a todas horas que deberías de estar aquí cuando no estás, que no sé cómo voy a dormir si no te oigo respirando al lado. Te encanta echarme para que tenga que volver, porque dices que los besos de reencuentro saben mejor, y que la pasión depende de los dos, y de ella sabe más el suelo que la cama. Te encanta dejarme la espalda hecha pedazos para que los tengas que volver a juntar la próxima vez que me veas, te encanta hacerme pedazos a mí y poner piezas nuevas. Después de dormir contigo, no se puede dormir sin ti, por lo menos tengo toda la noche para hacerte reír.

Pasaste tú

Y después de todas mis historias, llegue a la tuya, y es como si todo lo anterior fuera la precuela que ya se me olvidó y tú el presente y el futuro. Ojalá que seas feliz todos los días y que me puedas echar la culpa de algunos, que pueda dormir contigo y matar el insomnio juntos. Que me salen muchas sonrisas tontas en la pantalla cuando hablo contigo, y tú lo sabes y lo utilizas contra mí. Que nos cuesta noche y media despedirnos, y lo haccmos tres veces a la hora para demostrar que, aunque tengamos que irnos, si el otro no se mueve, nos quedamos quietos juntos. Y que buenas noches, siempre las que compartimos.

Madrugadas de sueños

Tengo insomnio crónico y ojeras imperecederas, miradas perdidas que encuentran imposibles y ganas de complicarme los días. Tengo noches de menos con mañanas que sobran; tengo un reloj de luna y tú, una sonrisa de sol. Tengo miles y miles de palabras para ponerlas en secuencias nunca vistas antes, igual que el amor, que todos son tan únicos como el resto. Tengo historias que contar y otras que vivir y no siempre suelen coincidir. Tengo fe en las miradas que te cambian la vida y en el amor que llega sin que tengas puta idea de por qué. Pero me falta la Señorita Verano; yo tampoco sé si acabaré septiembre.

No voy a volver

No habrá más llamadas perdidas ni llamadas para perdernos. No habrá más fotos desenfocadas con luces amarillas de vuelta a casa ni miradas dobles con ganas de que te quedes. No voy a volver a reconocer que pienso en ti mientras todos piensan en otras personas. No voy a volver, así que no vuelvas a buscarme. No voy a volver a estar contra ti ni contigo. Vas a quedarte solo en las fotos, vas a ser la chica de ayer solo hoy, y no, como siempre, todos los días. No voy a volver a despedirme de ti. No voy a volver.

Podría haber sido yo

Podrías mandarme un mensaje y preguntar si hoy es viernes sin erre, que si voy o que si vienes. Que podría ser yo la persona que hace que no pienses. Podríamos ser más valientes y dejar de mentirnos con razón, convencernos de que nada es eterno y que solo podríamos ser un par de páginas en la vida del otro. No sé escribir contigo, pero se me hace muy doloroso escribir sin ti, y si no quieres venir (maldito Andrés), no habrá charcos de sangre y llegará el desastre de tocarme solo. No debemos querer de memoria. Ni debo perderme sin ti. Podría ser yo el que te cura los inviernos, pero me conformo con que seas tú la que me los traiga a mí.

Noches de verano

Sabes que eres la noche de verano más larga de mi vida, siempre el penúltimo baile antes de caernos por los suelos, el tropiezo perfecto cuando no quiero llegar a la salida y todas esas cosas que dices sobre el amor cuando estás bebida. Eres una playa por la noche y las olas son tu escote cuando cae el corazón. Eres el después de la deriva, lo que hace que mi carne viva y el tac sin el tic de mi reloj. El verano son más noches que días y tú disfrutas como nadie, aunque ahora ya estarás dormida.

¿Qué te gusta en la cama?

Estás tardando en venir en cada invitación que te hago a destiempo. Que ojalá no sueñes más sin mí cuando llega ese momento de la noche en que te escribo que deberías de estar aquí. Como siempre, me despedí hace dos horas y sigo sin que me dejes ir, yo te creo y por momentos me confieso a ti:

—¿Qué te gusta en la cama?
—Que estés tú.

Conmigo dormirías mejor, pero menos

Si te atreves a pasar una noche conmigo, a lo mejor me quedo para siempre, y no sé si quieres eso. Estás dejando de ser tan imprevisible para ser más visible, para que te pueda ver tal como eres. Tanto que quieres que nos perdamos y que nos encontremos, pero no piensas que quizá seamos el lugar adecuado el uno para el otro. Somos el tiempo perfecto y el parte meteorológico es tu sonrisa. Dime otra vez eso de que contigo dormiría mejor, pero menos, y yo te diré que hay muy pocas noches para tantos días.

Turnedos

Soy una tarde de julio con frío, tronando, lloviendo y muriéndome de risa, cosa que también quería que te matara a ti, pero siempre te me resistes y yo siempre te re-siento. Porque eres mi tormenta perfecta de verano, imposible que llegue a otoño, pero imposible no vivir y pensarte estos días, que, aunque sean grises, tú iluminas el cielo de vez en cuando con alguna carcajada o, digo, trueno. Yo antes era así de serio, y tú haces que no me tome la vida en serio, que nada de esto es real y mucho menos eterno. Me has calado dentro y te has mojado y todo esto al mismo destiempo.

Error

Y justo cuando me querían querer, yo ya no. Cada vez que le mentía, ella quería la verdad, y cada vez que quería que fuera sincera, ella me engañaba y éramos un bucle de mala compañía el uno para el otro y éramos todo lo que no queríamos que no estuviera en nuestra vida. A veces necesitas los errores y ser tú el error. Equivócate una vez conmigo y yo me equivocaré la próxima vez por los dos. Vamos a guardar el exceso de los besos de despedida para cuando nos falte el calor.

Noches de calor

Y que mis camisetas te hagan de pijama en las noches de invierno, y que nos sobren los pijamas en las noches de verano. Que haya ventanas abiertas para poder escapar y que nos queramos quedar aquí dentro. Mientras fuera hiela, nosotros no vamos a dejarnos dormir el uno al otro, que si calor es dormir contigo, espero no poder dormir del calor. Tengo bastantes motivos para pasar la noche en vela, pero solo tengo que mirar hacia el lado para ver al más importante: tú.

Ojala que me eches la culpa de no dejarte dormir

Ojalá que quieras dormir abrazada y que no quepan las palabras entre tú y yo. Que no seamos demasiado tarde el uno para el otro, ni pronto, que seamos el punto de encuentro donde perdemos ambos la razón. Que nos odiemos al preguntarnos por nosotros porque nos damos demasiada importancia los dos. Sigues siendo la chica perfecta que me hace que lo crea en cada imperfección. Que no pasemos los detalles por alto, que las noches se sigan haciendo días y amanezcamos sin voz, que te recuerde cada vez que te bese y no te olvide cuando nos decimos adiós. Que me vas a echar de menos y yo a ti, aunque te diga que no, que intento que te vayas continuamente para que no me duelas más de lo que lo hago yo. No sé cómo haces siempre para quedarte, para ponerme de tu parte, para que crea cuando no queda ninguna opción. Ojalá durmieras abrazada a mi hoy.

Morirse de ganas

Me moría de ganas de decírselo, y ella se moría de ganas de que se lo dijera. Así que montamos una trinchera mientras estallaba la guerra ahí fuera y, mientras todos sus pretendientes y todas mis pretendientes se morían de invierno, nosotros teníamos una guerra que era el infierno en una cama de 90. Si eso era el infierno, quiero el castigo eterno.

Tormentas dentro

Todos llevamos tormentas dentro, llevamos rayos y rayadas, lluvias que agitan las ventanas, huracanes que te recuerdan a alguien y, por último, siempre la calma. Todos nos encendemos y nos iluminamos en plena noche o nos iluminan con chispas que crean las llamas, de las que te traen llamadas cuando estás completamente borracho y solo piensas en una persona a la que llamar. Todos llevamos tormentas dentro, pero por suerte yo te llevo a ti.

La forma más dura

La forma más dura de enamorarse es de una personalidad. Cuando te enamoras de alguien por cómo es, por lo que hace contigo, por su forma de hablar, por su forma de pensar, por sus formas y sus maneras de mirarte. Es una forma tan profunda que no llegas a hacer pie, y en tu cabeza es la más guapa del mundo, pero cuando la ves te parece más guapa aún. No hace falta tocar a alguien para que te cale dentro; aunque no diga que no, ayuda. Es más difícil olvidar a alguien que se te mete en la cabeza que a alguien que se te mete en los ojos.

Deshacer el amor

Ella se fue con un nuevo amor y me dejó con un libro de poemas de Sabina. No sé si sabéis quién se fue ganando...

Pues ella, por supuesto. El amor siempre es mucho mejor que un poema de amor. Es como follar o mirar porno; no tiene comparación. Por algo es hacer el amor y no leer el amor o escribir el amor o imaginar el amor; no, es hacerlo. En realidad me dejó dos libros de Sabina, y dos cicatrices en la espalda que dejó ahí para recordarme que no va a volver nunca más. Yo no pido que vuelva, solo exijo un amor de recambio que no me la haga olvidar, solamente que no me la recuerde nunca más.

«Sobre-vivirte»

Me gustan las historias atropelladas y deshilachadas. Y, la verdad, es que siempre me llevas por delante y siempre acabo con la ropa y espalda hechas trizas. Si hablábamos de cachitos…, siempre que anden separados los tuyos, voy a ir a juntarte y a juntarme contigo. Eres la más guapa de mi mundo, y mi mundo no acaba contigo, empieza en ti. Me gustan las historias que no sabes cómo llegan, pero que te envuelven en ellas y solo piensas que ese es tu lugar y tu momento adecuado, que tú eres mi momento y mi lugar correcto. «Sobre-vivirte» es fácil, lo difícil es dejar de hacerlo.

Tropezones

Ayer me empapé, llegué a casa y me puse a escribir. Llevo viviendo unos días en un par de canciones y no sé aún cómo sacarlas fuera. Necesito un empujón, o un tropezón con ella para hacerlo. En verano las distancias en la cama se miden en grados y hay 180 grados de mi cama vacíos, y hay en pleno julio 90 por ciento de posibilidades de naufragio. Seguramente seremos tormenta, breves descargas de luz entre la lluvia y, bueno, probablemente seremos. Y eso, a día de hoy, es suficiente.

Operación TÚ

Me falta puntería para clavar esta frase en alguna historia, en una historia de verdad, de esas que solo la recuerdan dos personas. Me estoy dando cuenta de que estoy perdiendo demasiados infinitos y eternidades viendo pasar las cosas y no formando parte de ellas. Ya está en marcha la operación contra la rutina, con los efectos secundarios del insomnio. Ya está en marcha la Operación TÚ, aunque no tengas ni idea de ello.

Srta. Verano

¿Dónde coño te has metido, señorita Verano? No te encuentro por ningún lado de esta ciudad. A mí lo que me da miedo de conocerte más es que no te encuentre un puto defecto y me gustes más, y que ya no pueda conformarme con ser solo uno de tus días, o solo uno de tus meses... Que el amor es una enfermedad terminal, y el mío acaba contigo. Ven y tráeme el sol, el sitio donde dormir lo pongo yo. Aunque no quieras dormir, espero que quieras quedarte, que yo las noches de verano las paso despierto y solo necesito hablar un rato contigo. Ojalá que vuelvas, señorita Verano, para seguir acabando todas las frases contigo.

Lluvias

Y si no para de llover, voy a tener que pedirte que sonrías más al cielo, que dejes de estar triste aunque sea tu estado natural. Que hay muchos tonos de gris y tú eres un gris clarito, de esos que responden las preguntas con otras preguntas, de esos que nunca tienen nada del todo claro. Dices que hay tantas perspectivas que podríamos aprender a vivir boca abajo y no pasaría nada. Si tenemos que vivir boca abajo, me pido vivir debajo de ti, y si tenemos que seguir viviendo boca arriba, también. Las casas no son lugares, son personas, y a mí no me importa que en mi casa llueva en verano y truene por las noches si la lluvia son tus besos y los truenos tu risa.

Fuertes

Yo solo quiero ver cómo te rompes a cachitos si soy yo quien los va a juntar, y que solamente me dejes caer si eres tú quien me va a recoger. Que no pasa nada porque nos hundamos si nos hundimos juntos, y si uno sale a flote antes que el otro, que le ayude a salir a la superficie, que no pasa nada por querernos todo el rato, y que me encantas con moño y pijama. Tú eres la bella fragilidad que hace que me rompa con cada palabra, y que cada palabra que hace que me rompa se me quede clavada. A todos hay alguien que nos hace frágiles, la misma persona que nos hace fuertes, y tú para mí eres esa persona.

5 MINUTOS MÁS

No quiero nudos, no necesito distancias cortas para decirte que soy tuyo, que tienes todo el verano en un beso que sale de tus labios húmedos, de tu boca a la que siempre le gusta apartarse primero para que la sigan al desastre, y al caos que dejaste cuando te apartaste del precipicio de las sábanas en combate. Que eres la más guapa del mundo cuando por las mañanas amaneces en segundos, que tienes los ojitos dormilones que piden 5 minutos más cuando llegamos 5 minutos tarde. Y lo sabes, que eres el único amor que podía salvarme. Empiezas el amor por el tejado, porque yo desde que te vi no paré de tirarte los tejos. Las distancias contigo no son kilómetros, son días para curarte inviernos y yo te hice tiempos... verbales para no verte con él y atravesar de una puñetera de vez el espejo, que el país de las maravillas está debajo de mi camisa cuando solo llevas eso puesto.

Deberías de estar durmiendo, conmigo

Me apliqué demasiado el cuento y acabé siendo el malo, y tú la chica que no se da por vencida y piensa que puede cambiarnos. Me colgué de ti, y sacaste lo mejor de mí sin cambiarme nada, y tú tuviste el valor para cuidar de alguien que siempre se descuida. Ahora es a mí al que le toca cuidar de ti, y deberías de estar durmiendo, conmigo.

Dispuestos

Si tú estás dispuesta, yo estoy dispuesto también para hacer domingo de resurrección en la piel. Empezar a ponernos de gallina para ser más valientes, sobrevivir a ti sobreviviendo conmigo, sobre la arena en espacios compartidos. Seré besos que sacan de quicio con miradas cargadas de razón, seremos actos improvisados sin prisa y sin presión. Voy a ser el mar que tú quieras, voy a ser sobre amar lo que quieras. Voy a ser en domingo quien te espera.

Imágenes

No sé cómo explicaros que yo también me vuelvo vulgar al bajarme de cada escenario, y que solo somos imágenes en la cabeza de otros que cada uno tiene que colorear, y siempre se hace con diferentes colores. Que nunca somos iguales para todos aunque seamos los mismos, y que las distancias y el tiempo nos decoloran en la cabeza de otros. Nos pasa también cuando guardamos fotos en una vieja carpeta y después de mucho tiempo la volvemos a abrir, e igual sigue intacta a la mirada de tus ojos e igual ya no significa nada y son restos de un dibujo sin color, sin formas y sin ni una pequeña parte de nosotros.

Al final

Quería escribir sobre cómo sonreír y no morir en el intento, sobre todas esas sonrisas falsas cuando no sientes nada, sobre que no estás aquí, pero dejaste el sol como recuerdo. Y ya no entro y salgo de tu vida, pero tú entras y sales de mi cabeza. Yo siempre fui de puertas abiertas y tú de persianas subidas diciéndome al oído: «Despierta». Pues ya me desperté, amor, pero esta vez no estás tú para despertarme ni para darme los buenos días. Al final los días acaban siendo buenos igual y las sonrisas forzadas son sinceras. Al final después de ti sigo estando yo. Al final de ti le siguió un «aquí estoy».

Encuentros

Voy a pensarte como si no fuera a encontrar a otra mejor, como si todo lo que tuviera que decir se acabara contigo, como si todo lo que espero de alguien lo encontrara en ti, como si fueras la chica más guapa del barrio de mis ojos. Quiero que me hagas perder todos los papeles, y que me rompas los esquemas, que prendas fuego a mis poemas y que me incendies la razón. Quiero leerte un rato cada día, y pensarte después, que seas mi argumento cada vez que hablo de los dos.

Recordarte

Me quedé parado mirándola en silencio mientras ella seguía caminando. Se giró con una sonrisa y me preguntó: «¿Qué haces?». Le contesté: «Recordarte». Y la recordé oliendo a vainilla su cuello, con miradas a los ojos que caían a sus labios y viendo al amor doble. La quise abrazar tan fuerte que mis brazos fueran la justa medida de sus caderas, y justo ella hizo que la medida justa del amor fueran 2 besos por segundo. Intentamos superar la medida del amor para parar el tiempo, para volver atrás y quedarnos a vivir el momento. Pero siempre que vuelvas atrás a vivir algo, nunca será lo mismo. Nunca es el mismo beso ni nunca es la misma mirada. Ella quería recordarme y era yo el que no me podía olvidar de ella.

Bienvenidas y despedidas

–Hay que aprovechar los momentos porque no somos eternos –me dijo un día una chica en un portal.

Estoy de resaca de ron y de felicidad y recordando muchísimo a los que no están. Que lo mejor de la gente que se fue son las personas que dejan aquí. Que por mucho que no estén, nunca puedes dejar irse del todo a quién quieres o a quién te quiere. Es imposible. Hay que brindar por la gente que queremos, quisimos y querremos.

Y SIN EMBARGO (TE QUIERO)

No exagero si os cuento que llevo 3 días seguidos cantando esta canción, ni tampoco si os digo que he vivido unos cuantos años en ella. Porque el amor, cuando se convierte en rutina, no se valora, y cuando falta, ahoga. Y yo también dormí con ella y soñé con otras, y dormí con otras y soñé con ella, y aún no sé qué fue peor. No se puede prometer querer siempre igual, solo se puede prometer la sinceridad, y en este mundillo las mentiras piadosas están a la orden del día. Ella sabía de sobra que era la primera, pero no todos somos Bukowski, y a veces hay una segunda. Siento la sinceridad y el amor deshecho.

JUNIO

Y llega junio y espero tus piernas ardiendo en mi cara y todas esas taras que dices que tienes para borrar mis cagadas. Y me darás mil vueltas en el coche y también me perderás con tu orientación tan mala, y yo protestaré y tú gritarás, y yo responderé que era broma, que nos perdí aposta para poder verte un ratito más. Y eso, que estás preciosa con las gafas de sol y las piernas en el salpicadero de mi coche; y eso, que estás preciosa cuando toda esa lluvia choca contra la ventana; y eso, que estás preciosa con luz... y también sin ella.

Te espero

No, no era la primera vez que esperaba para verte; ni la última que esperaba en el portal de al lado de tu trabajo a que salieras para decirte que los lunes son menos lunes si hay alguien que te espera y que yo tenía besos reservados para los días en que acabas muerta. Tuvimos que ser valientes para empezar a dormir juntos sabiendo que llegaría un día en que volveríamos a dormir solos. Pero es que no pensábamos en todo lo que viene después, pensábamos en lo que nos había venido y en que quería que tú te me vinieras encima para llevarte a cuestas los días que nos cuestan demasiado. Que ya sé que tú puedes con todo, pero hoy déjame llevar todo a mí, y tú ya no te preocupes por nada. Y tú descansa.

La magia

Supongo que la magia es que se despidiera hace una hora y siga hablando conmigo sin haberse marchado. Necesito más veces de esas, en las que dices que te vas, pero te quedas, para dejar de imaginarnos, feliz. Y serlo. Vamos a plantearlo de esta forma: todo el verano que quiero lo llevas en la sonrisa; eres mis vacaciones de mí compartidas; eres el caos que me ordena la cabeza. No sé si sé escribir una historia de amor, pero sé vivirla, y tú también. Empieza la época de playa, pero se van los nervios y se quedan las ganas de mordernos. Supongamos que ya no tengo que imaginarme más la salitre de tu piel ni lo de ser feliz ni el verano. Vamos a ser un 23 de junio en acto.

Plural

Cantar es como besar. Si no cierras los ojos ni lo sientes, no sirve para nada. Que se puede hacer mejor o peor, más largo o más corto, más alto o más bajo, pero si no se hace con el corazón, estamos perdiendo el tiempo. Y somos mucho de perdernos y esperar a que nos encuentren en vez de salir a buscar lo que queremos. Los «noes», si no te arriesgas, están asegurados, y no hay nada como ver unos labios diciéndote: «sí». Decía en la canción que cantaba (plural) al presentarla, que tenía la canción y tenía la historia pero que aún me faltaba la protagonista, y que tenía todo el verano para encontrarla. De eso hace ya un año, y seguimos sin protagonista; creo que la introducción de esta película se está haciendo demasiado larga. ¿Cuándo coño va a empezar la escena de chico conoce a chica y le cambia la vida?

La peor postura en mi cama es sin ti

A decirte antes de dormir que la peor postura en la cama es sin ti, que me dejaste resaca de noche rara y un caos en la cabeza por tu sonrisa. Que 3 centímetros entre mi boca y la tuya eran un salto mortal al vacío, que te quería leer los labios en braille con los míos por el ruido. Que hoy me ha costado demasiado y me he acostado poco, que no he acabado aún el día de ayer y ya casi es mañana. Soñé en la siesta que era feliz y no creo que sea casualidad que tú estuvieras allí.

Santander

Cómo coño convencer a Santander en 10 minutos de que quiero hablar con ella 5 minutos más. Que me ha rechazado un baile y quiero bailar con ella aunque la música pare. Que me debe una despedida y no volverme a dejar parado en una esquina esperando a que haya llegado. A veces te descolocan las noches y vuelven a ser raras, a veces necesitas un poco más de norte para encontrar las razones; las razones para que me deje apuntado su número de móvil y que no sea el verano más corto que vi en mi vida. Que quiero encontronazos y en contra todos para cruzarme con ella. Que nunca supe que tenía que ser yo quien dejara la huella. Tardé demasiado en volver a casa para describirte, pero de dos semanas me sobran 13 días para escribirte. Buenas noches, Santander, aunque no te guste leerte.

Barba

Que no, que yo no me quito la barba hasta después de los exámenes. Que yo soy supersticioso, que creo en la suerte y en el destino y sobre todo soy pesimista. Que soy agradecido y di las gracias al destino, a la suerte y a la barba de que te cruzaras en mi camino. Si algo tiene que pasar, va a pasar. Dicen que «si está pa' ti, está pa' ti», y no hay vuelta de hoja, que ya estamos demasiado escritos. Tenemos demasiados tachones al corregirnos y llega un punto que ni nos entendemos nosotros mismos. Será cuando llega esa persona que te entiende con leerte (o escucharte) dos palabras cualquier frase, y te aclara y te pasa a limpio. Será que aún estoy solo, que estoy demasiado borroso, será que necesito que alguien me ordene el caos para hacer algo bonito.

Las historias que no pasan

A veces te dejan escrito en espejos y, ya veis, yo le preguntaba qué quería ser y me decía que feliz, y el resto… es historia. Que a mí me duelen las historias que no pasan mucho más que las que pasaron; que a mí me dolían las noches en que nos costábamos demasiado. A veces solo necesitas un poquito de alguien para ser feliz, y lo jodido que es cuando te falta. Lo mejor de todo es que yo estoy mejor y que tú no estás más, guapa. Tengo un verano para escribir tantas cosas… Que me falta solo una semana y me va a pasar que, como a todo, voy a llegar tarde.

Playa

Entiendo tu posición al otro lado de la cama, pero no tu localización al otro lado del mundo. Comprendo que, cuando se es demasiado tiempo, todo pierde el significado. Comparto que demasiado es demasiado: para lo bueno y para lo malo. Lo siento por el amor a granel en playas nudistas de madrugada; siento aún la arena que compartimos pecho a pechos en incómodas posturas en las que nos queríamos quedar a vivir. Te besé tantas veces que nunca supe cuándo lo hacía de verdad y cuándo de mentira; supongo que eran besos de esos de mentira que son de verdad. Hace tiempo que no te veo. Hace menos que no te echo de menos.

El café

El narcótico más fuerte que existe son los sueños: te atontan, te motivan, te encienden y te apagan. Yo siempre quise hacerte más caso, pero es que tú me hacías demasiado caos. Contigo la vida era un montón de borradores con tachones, un continuo volver a empezar sin acabar nada nunca. Siempre me quería poner manos a la obra, pero a ti te gustaba tener tus vigas, tus fachadas y estar desnuda. Yo me desconcentraba y tú te centrabas en liarme, poco a poco, y sin que me diera cuenta, entre las sábanas. Aunque sabía cuáles eran tus propósitos, siempre me enredabas: ¿cómo se puede no caer en ti si me emborrachas para que tropiece, bailando, con tus pies? Tú siempre lo decías: ni el amor solo ni el calor templado. ¿O te referías al café?

La manera más dolorosa posible

No se me olvida la manera que tenía de entrar por la puerta, sus preguntas como respuestas, sus «estás de coña, chaval», el viento de su calle de madrugada, su olor a salitre y playa, sus caídas con esguinces, borracha, sus «solo te quiero a ti» por nada. Pero cada vez recuerdo menos y dejo espacio nuevo para amores venideros, para chicas con menos complejos. Y me voy dando cuenta de que no era lo que hacía, sino la manera en que lo hacía cuando estábamos hasta las manos en esto. La quise de la manera más dolorosa posible: de verdad.

Atardeceres y revuelos

Te mando un atardecer y un escritor acabado. Que te llevo guardando atardeceres desde que te vi. Supongo que somos tan breves como el verano más largo; supongo que detrás de ese sol estás tú. Mayo es para compartirte con apuntes en la cama por eso del «quién no quiere amor en época de exámenes». Me espera un buen verano y espero… que tú. Yo ya me despeiné; ahora te toca a ti.

Querernos conocer

No hay nada como la sensación de no conocer a alguien, pero quererlo conocer y que te quieran conocer a ti... Es el punto en el que todo es posible, todo encaja; todos mis círculos polares encajan con sus veranos en cuadrantes. Estás dispuesto a hacer todo y no piensas que te vas a caer, solo piensas en hacerlo, y solo piensas en hacerla feliz y en serlo. Escribía en invierno eso de que el único plan que trazo a largo plazo eres tú. Y esa es la finalidad: que acabes conmigo. De una manera u otra, pero conmigo. Y eso, que tengo ganas de enfocarla con las Ray Ban y que pase el tiempo más lento, que llegue el tiempo de playa. Y mordernos.

Tengo que dejar de perseguir a esta chica

Y claro que salté, joder, cómo no iba a saltar. Si es la única chica a la que seguiría al fin del mundo para traérmela de vuelta. Y no es hacer todo por ella, es hacer todo con ella. Es la complicación convertida en facilidad y en días que alegra. Es saber que, aunque todo vaya mal, ella va a querer salvar el mundo y a mí detrás. No darse nunca por vencida ni darme nunca por perdido porque ella siempre dice: «Nos vamos a volver a encontrar». Por eso, aunque no sepa la profundidad de la caída, aunque sepa la hostia que me voy a dar, me voy a tirar. Debería dejar de perseguir a esta chica... Ni hablar.

Sin rastro de nosotros

Y no se puede explicar mejor. Y no se puede perder peor. Duele más ver hacerse mitades un "nosotros" que añicos; ya que nos rompen, que nos rompan completamente para que no nos quede nada con lo que podamos volver a pegarnos, a pegarnos en los bailes... Qué ciegos y qué amantes del dolor…, por eso de escuchar a Sabina con las luces apagadas, por eso de conocernos al tacto y desconocernos a distancia, por eso de que «cada vez más tú y cada vez más yo».

Conciertos en Coruña

«Y una puesta de sol en Galicia», como dice Andrés Suárez. Mañana lo veo y lo escucho. Y tengo ganas, después de todo un invierno y media primavera sin pedirle a nadie que vuelva. Y así vamos yendo hacia adelante, que es la única forma de darle significado a lo que hicimos atrás; y así seguimos, buscando todas esas cosas imposibles que nos hagan correr y saltar. Saltar, ya sabes, nunca se nos dio mal. Tú saltabas encima de mí y yo amortiguaba tus caídas. Nos compenetrábamos bien cuando no teníamos miedo a comprometernos. Supongo que eso del día a día era lo que funcionaba con nosotros. Siempre fuimos más de medianoche que de vida y media.

¿De quién te acuerdas cuando te olvidas de todo? De ti

Se acordaba de mí y yo me acordaba de ella. Y me acordonaba a su espalda en las noches en las que no podía no vivir sin besarla. Y nos vivimos y nos bebimos hasta la última gota del licor de la saliva. Hasta la última pieza del rompecabezas la encontramos mientras nos encontrábamos con un montón de piezas de ropa en el suelo de su cuarto. Nunca fui de estudiar demasiado, pero quería conocerla al gusto, al tacto, al oído, al olfato y a la vista. Y estaba visto que no podía quitar mis ojos de ella, aunque se vistiera y me dijera que no mirara. Lo más rebelde que he hecho es no hacerle caso y mirar. Creo que las obras de arte son para apreciarlas, y ella era la más hermosa con poca luz y con mucha.

Yo tenía mi parte de razón y tú hacías que la perdiera a menudo

No sé si tú me hacías perderla a menudo o yo te la quitaba todo el rato. La razón es para los que piensan demasiado y si hubiéramos pensado, no nos hubiéramos encontrado ni hubiéramos chocado... Que sí, claro, que conmigo preferías que perdieras los modales y la compostura, pero nunca la postura de mirarnos como quien mira algo que no entiende. Las razones son para la gente que entiende algo y nosotros nunca nos entendimos, y no fue porque no nos probáramos ni nos experimentáramos... Éramos más de hipótesis, de imaginarnos cada vez que faltábamos.

El insomnio siempre es mejor compartido

Somos una noche de sábado en un domingo de madrugada, un «no quiero alejarme de ayer» explícito en cada mirada, un «no te vayas» en cada beso que regalas. Eres mi mejor oportunidad para ser feliz, pero no soy de elegir; voy a esperar a que tú me escojas a mí, y a dejarme llevar, y a dejarnos llevar por cada minuto que queda de este abril. En principio, el insomnio siempre es mejor compartido si lo comparto contigo.

Huidas

Pero qué idiotas fuimos queriendo todo. Nos quisimos tanto tan pronto que anochecimos, y cuando nos dimos cuenta, ni nos conocíamos. Huía de mí huyendo a ti, a ver si colaba, a ver si me sabía engañar lo suficiente y nos engañábamos para que esto durara. Pero ya se sabe que las mentiras solo las creen los que tienen algo que les falta, y tú me faltas a mí y yo a ti, aunque parezca que no importe. Tengo que empezar a volver a conocer un mundo en el que no estás. Que aunque haya más personas que pasen y lo destrocen, siempre me llevará hasta el mismo punto de partida: a mí.

A UNA NOCHE

Me debes una noche y un baile después del diluvio que cayó un lunes de una madrugada de sábado. Me debes correr detrás de ti con posibilidades de alcanzarte, te debo una canción en la playa donde te miraba con tus amigos. Me debes un caño o por lo menos intentarlo, te debo una apuesta que pienso perder para que ganemos algo. Me la iba a jugar a una noche, pero a veces las noches más cortas empiezan una tarde. Vamos a dejar de vernos solo cuando llueve.

ANOCHECIENDO

Pensé que desde aquí se podía ver la otra parte del mundo, pero no te veo por ningún lado. Estás anocheciendo demasiado y yo hoy salgo a darnos media noche. Te estoy pensando mientras escapo para convencerme de que hacia delante es adónde vamos. No sé, te estoy escribiendo demasiado y a lo mejor no te gusto tanto, y a lo mejor no nos gustamos tanto como para quedarnos parados justo al lado.

Incendios

Los anocheceres de Coruña el único filtro que necesitan es el de tu mirada. Seguirás convenciéndote de que no éramos nosotros los que incendiábamos el cielo, pero no veía a ninguno como nosotros dos quemarse al roce y seguir queriendo estar pegados. Di lo que quieras, yo digo lo que quiero y ya no te quiero a ti. Es lo que tienen los incendios..., que se apagan.

Escapes

Antes corría más que nadie. Ahora corro menos que todo. Será que ya no sé escapar. Lo bueno de los días malos es que solo tienen 24 horas; de las semanas malas, que tienen 7 días; de los meses, que como máximo tienen 31 días; de los años malos, ya os imagináis... Lo bueno de las cosas malas es que también se acaban, y eso es lo mismo que pasa con las cosas buenas, pero al revés. Sonrío poco en las fotos, así que ya tocaba. Debía ser que sonreía de menos por eso de los jueves complicados. Y eso que tirar para adelante es innato, que ya se nos olvidó cómo escapar.

HIMYM

La acabé, por fin, y como una mala relación, fue mejor la trama que el desenlace; esos comienzos que te ilusionan, esas mitades que te atrapan y esos finales que defraudan.

Que no podemos pedir que acabe todo bien, sería injusto, pero que no acabemos tan mal. Al final, pienso que si llegamos demasiado pronto o tarde a alguien es que no estábamos destinados, y si lo estábamos, siempre habrá tiempo y nunca existirá tarde ni pronto. Después de derribos, de demoliciones y de estar cerrados, no sabes si a la vuelta de la esquina puedes encontrar a alguien y poner juntos los cimientos. Yo espero que llegue la chica del paraguas amarillo y mientras tanto intentaré equivocarme mucho.

Poesía

Vamos a tirar de tópicos y a decirte que tú eres toda la poesía, pero si empiezo a pensar... El camino que me lleva a las 4 de la mañana hasta tu portal es poesía, el cubata que me tiras encima es poesía, la manera que tienes de irte sin llegar también es poesía. Que no eres poesía: ¡que haces la poesía! ¡Y que yo qué sé! Yo solo te describo a ti, y a mí contigo y sin ti. Hoy no te pienso bajar ni una estrella para que duermas acompañada. Si yo duermo solo, espero que me eche de menos tu almohada. Y eso, que buenas noches, corazón, voy a escribirte hasta que aparezcas.

Dormir conmigo

«¿Cuándo vienes a repartir conmigo la poesía?». Que somos enemigos de lo íntimo, preparamos las batallas de tu ombligo. Si quieres nos odiamos cara a cara o nos queremos con daños a terceros. Si quieres dormir conmigo, trae el frío para que pueda calentarte sin excusas.

EXPLICACIÓN Y AGRADECIMIENTOS

Este libro es la evolución del cada día de una persona que no tiene ni idea a dónde va, pero sabe de dónde viene, es el bastón con el que me sostuve cuando no veía nada, es verdad aunque tenga muchas mentiras. Es la repetición hasta que saliera bien, es la mejora constante, es la constancia para superar la adversidad. Es el hacer algo cuando los demás dicen que no haces nada, son las noches de insomnios compartidos, de insomnios solos. Es la puñalada mortal a los «no vas a poder hacerlo», a los «esto no tiene futuro», a los que hablan de más de los demás. Es el puto viaje de mi vida, y que nadie me quiera parar.

Gracias a mis padres por dejarme el tiempo, por dármelo, por confiar, por cuidarme.

Gracias a mi hermano por mantenerme en la realidad, por tirar de mí, y a veces empujarme cuando no sabía si podía saltar.

Gracias a mi hermana por quererme todos los días a pesar de la distancia, por estar pendiente, por ser la mía.

Gracias a Leo por traernos la primavera a la vida.

Gracias a mis amig@s por no dejarme nunca solo, por celebrar aunque no haya motivos ni razones para hacerlo, por vivir.

Gracias a todas y a cada una de las personas que estáis escritas en este libro, gracias por las frases, por decírmelas, a veces por gritármelas, por hacerme feliz, y a veces menos feliz. Gracias por enseñarme que siempre hay un después, que siempre se puede estar bien, que el mundo no se acaba por alguien aunque te dejen hecho un desastre.

Gracias por ser parte de mí, aunque no estéis.

Somos de quién nos cuida, así que soy vuestro.

@iagocampa

PRÓLOGO 5

1ª parte: Travesías 6
La luna 9
Pégame con toda tu fuerza a ti 10
Voy a matarte 11
Me dijo: "Me asusta y a la vez quiero que pase" 12
Si eres tú 14
Hibernamos 15
Salvar la vida 16
Realidad 17
¿Qué quieres? 18
No quiero que no estés 20
Caminos equivocados 22
Si me pides que me quede... 23
Tengo abrazos en *stock* para ti 24
Barcelona 25
#Macrocuento 26
Lo salvaje 27
Lo que más me gusta de mí es cuando dices conmigo 28
El único plan que trazo eres tú 29
Si me das tiempo esta noche 30
Nunca me crees 31
Gracias 32
Si te acompaño a casa esta noche 33
Estás más guapa 34
Me encanta(s) 35
Mi punto de partido 37
Casas 38
Verano 40

Dormir contigo	42
Futuros	43
Contigo	44
Voy a apostar por ti	45
El día más triste del año	46
Tú y yo	47
Contigo por mí	48
Ni te imaginas	49
Desde que tú, ninguna	50
No tengo ni idea	51
Zumo de naranja, tostadas y el amor	52
Te quiero como a ninguna	53
Y se puso ella	54
Casualidad	55
Hasta que aparezcas y apareciste	56
Tengo que empezar	57
Las noches no son para dormir sin ti	58
No sé	59
La confianza es mejor que la suerte	60
Con quién duermes	61
Soñar siempre es mejor con alguien	62
Lo único que vale es hacerte feliz	63
Hay que creer	64
Navidad	65
2ª parte: Tormentas	**66**
Tengo un problema conmigo, tú	69
Noviembre	70
Descortesías	71
La frontera	72

El trayecto	73
Distancia y desgastes	74
La señorita bomba atómica	75
Imanta	77
Guerra	79
SUR	80
No pienso dejarte marchar	81
Tú eliges	82
Las carreteras	84
Viaje a París	85
Quédate	87
Direcciones	89
La señorita Verano	90
Moscas golpeándose	92
Plazos cortos	94
Sin prisas	95
Literatura	96
No te alejes de mi lado	98
Lunes complicados	99
Todas mis razones	100
Nadie para nadie	102
Aunque tú no lo sepas	103
No quiero preocuparte, pero te quiero	104
Empezando	105
Miedos	106
Perdernos	107
No me arrepiento	108
Todos los problemas que eres	109
La mejor idea	110
Lo importante fue conocer la luna	111

Pedir	112
Te lo voy a poner fácil	113
Amor complicado, como tú	114
Si pudiera	115
Te mereces	116
Voy a estar para ti	117
Eternamente	118

3ª parte: Naufragios 120

Carta de errores	123
Desastres	125
Cascarón de nuez	126
Los puntos que quieras	127
Terminales	128
Desde que nos ignoramos al vernos	130
El ciclo circular de estar esperando	131
Los pies y sus "echos de menos"	133
Frío	135
¿En quién piensas cuando no piensas en nada?	136
Donde ella solía estar	138
Adiós, tormenta	139
Te he querido tantas veces	140
Dejar las cosas en su sitio	141
Al final eres tú, sin mí	142
¿La culpa es del que olvida o del que se deja olvidar?	143
El listón	145
Si tú estuvieras aquí	146
Barcos a la deriva	148
La peor historia	149
El amor es de quien lo siente	151

Casi	153
No puedo hablar de ti	154
Vivo	155
Dile	156
Tú sin estar	157

4ª parte: Apuntes de Bitácora **160**

El miedo a estar acompañado	163
Verde y fosforita	164
#Microcuento Andrés Suárez	165
Daños	166
Hasta que aparezcas	167
Lo único que importa	168
Todo es mejor contigo	170
Somos de quien nos cuida	171
La clave	172
El miedo a que pase	173
No paro de pensar	174
Cambios	175
Arreglar mi mundo	176

Parte 5: Instatextos **178**

Puntillas	181
Corazón y tiempo	181
Que no nos falten	182
Estas ganas	182
Lo que falta no llena	183
La verdad	183
La suerte de quien nos cuida	184
Todo llega	184

Eras tú	185
No pares tu vida por nadie	186
No importa que se olviden las noches	186
Más fácil	187
Los sustos	187
Compartirlo	188
Fuerza	189
Que no las perdamos	189
Tiempos mejores	190
Gente que no se va nunca	190
Chicas rotas	191
Los domingos son para no ser	191
Ni te imaginas	192
No descuidarte nunca	192
Magia	193
Nunca es fácil irse	193
¿Quieres?	194
Somos lo que sentimos	194
Lo mejor surge solo	195
Alas	195
Idealizado	196
Bajarte	196
Libres	197
Queremos cosas nuevas	198
Propuesta	198
Propuesta II	199
No es no fallar nunca	200
Beber sin ti	200
Tenías la sonrisa, te faltaba la felicidad	201
No quiero ser una persona normal	201

Hay chicas	202
Tú me encantas	203
Ella es así	203
Somos el cambio que queremos	204
Reírse es vida	204
Tardamos	205
Que seas	206
A ti	206
Cada vez	207
Apartarme	207
Nadie	208
Apagas	209
Piedras	209
Ahora mismo me quedo contigo	210
Atrévete	210
Me odias	211
Dormir	211
Me arriesgo	211
Lanzarnos	212
Plan	212
No quiero	213
Tú tan…	213
Que lo bueno…	214
Si me hubieras dicho…	214
El ron no sabe	215
Miniplural	215
Macarrones	216
Despertar	216
Las noches son	217
Lo que cura	217

Debería tenerme prohibido	218
Si tú estás	218
Ella es de sonrisa fácil	219
Quererme tanto	219
Intenté	220
Inevitables, imprescindibles	220
Más fuertes	221
Todo es cuestión de verte	221
Auto-	222
Cosas bonita y tú	222
Estás tan guapa cuando eres feliz	222
Beber solo contigo	223
Más noches que días	223
No voy a pedir perdón	224
Si me dices que vaya, voy	224
Debería tenerme prohibido II	225
Voy a estar aquí	225
Dos caminos	226
Encendernos	227
No deberíamos empezar nada que no queremos que acabe	227
Me quedo contigo	227
Querer lo imposible para que sea real	228
Hay personas que se eligen solas	228
La chica imposible	229
Toda la vida	229
No acabarnos nunca	229
Ahora que casi nunca	230
Comerte a ti	230
Eres todo	230
Necesitamos	231

Te voy a proponer	232
Hay que jugársela	232
Capaz	233
Feliz entre el caos	233
Atracción universal	233
No me dejes de elegir	234
Seguro	234
Prometer	235
Acuérdate de mi boca	235
Besarte como la primera vez	236
Empiezan en ti	236
Abrazo	237
Ojalá tú aquí	237
El trayecto	237
No se eligen las noches, pero sí con quién	238
Todo lo que somos	238
¿Para qué más?	239
Consecuencias	239
Me gustas tú	240
Tengo ganas de tú, conmigo	240
Ven, y quédate conmigo	240
El momento eres tú	241
Contigo en la cabeza	241
Contigo o contra ti	242
La noche sin ti	242
Sol	243
Me tienes siempre	243
Importa	243
Somos mejores cuando estamos juntos	244
La suerte es mía contigo	244

Las noches son	245
Mil cosas	245
Demasiado tarde	246
La puta costumbre	246
Alguien que se quede contigo cuando tú te quieres quedar	247
Intentarlo todo	247
La vida es ahora	248
Noches de marzo	248
Te quiero mucho, muy cerca	249
Hacerlo mal	249
Complicado estar sin ti	250
El uno sin el otro	250
Destaparnos	251
Me echará de menos	251
Me dejé el corazón	252
Lo bonito pasa cuando estás	252
Ojalá que seas lo que quieras	252
Te quise tanto	253
Martes imposibles	253
Hay que aprovechar mientras se quiera	254
Querer es una idea	254
La suerte me sonríe contigo	255
Domingos	255
Nadie vive como nos vivimos	256
Siempre hay alguien y siempre eres tú	256
Reírnos juntos	257
Debería	257
Lo bueno de lo malo	258
Enero	258
Y tú no vuelves	259

Quédate aunque no te vayas a ir 259

Mejor juntos 259

Fin de años 260

Contigo o contra mi 261

Te voy a echar de menos 261

Fracasos y hostias 262

Deja ya de estar lejos 262

Remedio 263

La belleza nunca es normal 263

Malditos 264

"Viermingos" 264

Tus ojos 265

Le llamas problema a todo lo que te gusta 265

K.O. 266

Piedras 266

Tanto en tan poco 267

Atravesado 267

Felicidad 267

No dormir contigo 268

Encontronazos 268

Pase lo que pase 269

La mujer de mi vida 269

No suelo acordarme de nada 269

Ódiame 270

Hoy no estoy ni para mi, pero para ti siempre 270

El amor de ahora 271

Elegir 271

Noviembre juntos 272

Imposibles 272

Al final eres tú 273

Formas y maneras	273
Hay días	274
Lo que quieras con quien más quieras	274
Cuando te despiertes	275
Sálvame el domingo	275
Arriesgarse	276
Si vuelves a sonreír	276
No sé cómo me entiende	277
¿Qué clase de noche eres tú?	277
Las noches que ella quiera	278
Pasar	278
Suerte	279
No busques más amor	279
Sentir	279
Vicio	280
Falto	281
Imaginar	281
Días perdidos	281
Cardíaca	282
Inevitables	282
Ayer noche	283
Feliz	283
Te cuido	283
Breve	284
Septiembres	284
A tu lado	285
Bécquer	285
"Lo bueno de los años es que curan heridas…"	286
Robarme	286
Veranos que son personas	287

Vueltas	287
Ordéname los domingos y hazme caos los lunes	287
Repíteme	288
Quítame el sueño	288
¿Cómo íbamos a parar de bailar?	289
El amor	289
Equilibrios	289
Y lo que llegue llegará, y quien llegue llegará:	290
Diferentes	290
Lo mismo	290
Cuando hablo de ti	291
De nombres y verdades	291
A medias	292
Dejar de pensar	292
No existe el olvido	293
Defectos	293
Dormir sin ti	294
Pasaste tú	294
Madrugadas de sueños	295
No voy a volver	295
Podría haber sido yo	296
Noches de verano	296
¿Qué te gusta en la cama?	296
Conmigo dormirías mejor, pero menos	297
Turnedos	297
Error	298
Noches de calor	298
Ojalá que me eches la culpa de no dejarte dormir	299
Morirse de ganas	299
Tormentas dentro	300

La forma más dura	300
Deshacer el amor	300
"Sobre-vivirte"	301
Tropezones	301
Operación TÚ	302
Srta. Verano	302
Lluvias	303
Fuertes	303
5 minutos más	304
Deberías de estar durmiendo, conmigo	304
Dispuestos	305
Imágenes	305
Al final	306
Encuentros	306
Recordarte	307
Bienvenidas y despedidas	307
Y sin embargo (te quiero)	308
Junio	308
Te espero	309
La magia	309
Plural	310
La peor postura en mi cama es sin ti	310
Santander	311
Barba	311
Las historias que no pasan	312
Playa	312
El café	313
La manera más dolorosa posible	313
Atardeceres y revuelos	314
Querernos conocer	314

Tengo que dejar de perseguir a esta chica..315
Sin rastro de nosotros 315
Conciertos en Coruña...316
¿De quién te acuerdas cuando te olvidas de todo? De ti............................316
Yo tenía mi parte de razón y tú hacías que la perdiera a menudo 317
El insomnio siempre es mejor compartido...317
Huidas 317
A una noche...318
Anocheciendo..318
Incendios 319
Escapes 319
HIMYM...319
Poesía 320
Dormir conmigo 320

Todos los derechos reservados.
Esta publicación no puede ser reproducida en ninguna de sus partes, por ningún medio inventado o por inventarse sin permiso previo del autor.

© Iago de la Campa Pose
muevetulengua.com

Somos de quien nos cuida.